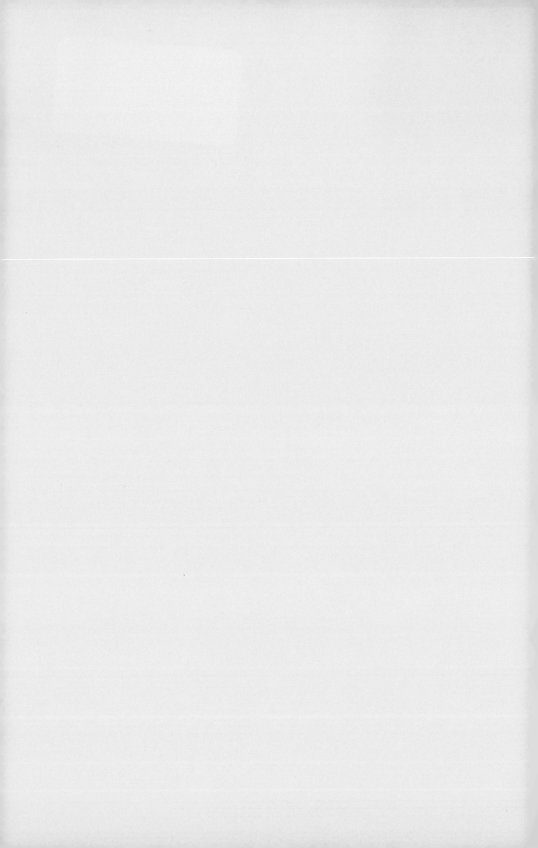

행정
기획론

대전환 시대의 공공부문

최현선 · 이은지

Administrative
Planning

Public Sphere
in the Era of Great Transformation

박영사

서문

국가경제 및 국민의 삶 속에서 공공부문의 위상과 영향력이 커질수록 함께 고려되어야 할 공공조직 경영에 대한 더 큰 책임성이 요구될수밖에 없다. 공정하고 건전한 조직운영과 바람직한 성과관리에 대한 국민의 요구가 확대되는 것이다. 대전환 시대 공공부문은 어떻게 운영되고 관리되어야 하며, 어떠한 혁신과 공공가치가 실현되어야 하는 가? 대한민국 공공조직들은 변화하는 시대적 요구를 자신들의 경영전략에 어떠한 방식으로 내재화해야 하는가? 기후위기, 양극화, 불평등, 소외 등 현대 사회의 문제점들에 대응하여 공공부문이 할 수 있는 일은 무엇이며, 어떻게 국민들과 공감하며 함께 더 나은 사회상을 만들어갈 수 있을까?

『행정기획론』는 '기초편', '심화 및 사례편' 등 총 2권의 시리즈 형태로 구성된다. 본 저서 심화 및 사례편『행정기획론: 대전환 시대의 공공부문(Adminstrative Planning: Public Sphere in the Era of Great Transformation)』은 기초편『행정기획론: 공공부문의 전략기획과 성과관리(Adminstrative Planning: Public Sphere and Stretigic Planning)』에 이어 시대적 요구와 변화에 부합하는 공공부문 전략기획과 성과관리의 방향성을 제안하고자 한다.

 - 기초편: 일반적인 공공부문 성과관리 및 전략기획에 대한 리뷰 및 오늘의 대한민국 공공부문이 추구해야 할 전략적 방향성 모색과 제안

– 심화 및 사례편: 공공기관의 성과관리 관점에서 본 조직경영 방향과 성과관리(경영실적평가 대응방안을 중심으로) 방안 탐구/사회적 가치, 혁신, 국민참여 우수사례분석을 중심으로 공공부문의 조직들(특히 공공기관 사례를 중심으로)의 실천적인 사업추진 방법과 예시 제안

『행정기획론: 대전환 시대의 공공부문』의 구체적 내용은 다음과 같다.
제1부 「공공부문의 기획 및 성과 관리 방향」은 총 2장으로 구성되어 있다.
제1장 "공공기관 개요"는 공공기관의 개념과 유형을 이론적 관점에서 논의한다. 또한 대한민국 공공기관의 유형, 체계, 주요 현황을 파악할 수 있도록 정리하였다.
제2장 "공공기관의 성과관리체계"는 우리나라 공공기관의 성과관리체계에 대한 개관이다. 우리나라 경영실적 평가제도의 변천과 특성을 소개하고, 공공기관 일선에서 활용되는 성과관리방법을 정리하였다. 이 장은 성과관리에 익숙하지 않은 관련 분야 전공생 및 일선 실무진들을 위한 일종의 '전략수립과 성과관리 매뉴얼'의 성격을 가진다.

제2부 「사례를 통해 배우는 공공기관 사회가치와 혁신」은 총 2장으로 구성되어 있다.
제1장 "공공기관의 사회가치와 혁신창출의 방향성"은 공공기관이 나아가야 할 방향성에 대해 논의한다. 최근 수년간 사회적 가치 개념이 경영평가에서 새로운 위상을 갖게 되면서, 공공기관의 사회적 가치 창출역량과 성과를 포괄적으로 평가하게 되었다. 또한, 공공기관의 혁신역량이나 ESG

경영 등도 공공기관의 성과평가과정에서 그 중요성이 더욱 부각되고 있다. 그러나 공공기관의 사회적 가치와 혁신 등의 개념을 현실적인 성과관리에 연계하여 이론적으로 명확하게 이해하는 것은 쉽지 않다. 따라서 이 절에서는 성과관리와 연계하여 공공기관에게 부여된 사회적 가치, 혁신 창출, 그리고 ESG 경영의 의미와 평가방향을 검토하였다.

제2장 "우수사례 검토"에서는 실제 공공기관들의 사례를 통해 사회적 가치와 혁신, 그리고 ESG 경영 등의 개념이 어떻게 구체적인 사업성과로 도출되고 있는지 '실용적인' 관점에서 다룬다. 최근 공공기관의 경영실적평가에서 사회적 가치 구현에 관한 배점이 강화되면서, 각 공공기관은 고유의 임무를 기반으로 사회적 가치 실현을 위한 다양한 사업들을 추진하고 있다. 이 중 창의적인 우수사례를 창출하는 기관도 많지만, 다수의 기관들이 유사한 사업들을 추진하는 경우도 적지 않다. 따라서 실제 공공기관이 체계적인 성과관리체계 안에서 기관 고유업무와 긴밀하게 통합하여 사회적 가치와 혁신을 창출하거나 ESG 경영을 실현한 사례들을 소개하였다.

『행정기획론』 '기초편'을 통해 공공부문 전략기획의 방향성에 대한 개략적인 이해를 높이고, '심화 및 사례편'을 통해 실질적 · 전문적인 방법론을 학습한다면 행정기획론에 대한 체계적인 지식이 형성되고, 독자들이 실제 우리나라 공공부문의 일선 현장에서 활용될 수 있는 체감형 지식을 확대할 수 있기를 기대한다.

대전환 시대 공공부문은 가능성의 질문에 답해야 한다. 메타의 마크 저커버그 CEO는 "친구들과 멀리 있어도 눈앞에 있는 것처럼 만날 수 있는 세상"을 메타버스의 '비전'으로 말했다. 구글의 순다르 피차이 CEO는 인공지능에 인류의 미래가 있다고 말하였고, 마이크로소프트(MS)의 사티아 나델라 CEO는 전 세계 모든 기업과 개인들이 더 많은 일을 할 수 있는 데 회사의 미래가 있다고 말했다. 실리콘밸리 CEO들이 말하는 비전의 공통점은 모두 '가능성'을 이야기하고 있다. 공공부문은 점점 커지고 있는데 사람들과 국가를 위해 어떤 가능성을 열어 비전을 제시할 것인가? 행정기획론 시리즈가 묻고 대답하고자 하는 질문은 기획의 과정을 통한 공공부문의 '가능성'에 대한 고민이며 이야기이다.

감사의 말씀

많은 분들의 성원과 도움이 있었기에 본 저서가 세상에 나올 수 있었습니다. 스승님이신 연세대 박우서 명예교수님, 미국 남가주 대학교(University of Southern California) David C. Sloane 교수님의 가르침에 감사를 드립니다. 본 저서의 공동저자 이은지 박사님과, 저서가 나오기까지 조언과 도움을 아끼지 않은 박정윤 박사님께 감사드립니다. 부족한 저자와 함께하여 준 가족에게 모든 공과 사랑을 보냅니다. 가족들의 사랑과 도움이 없었다면 좋은 결과물들이 나오기 힘들었다고 생각합니다. 존경하는 아버님, 어머님 그리고 사랑하는 아내 주라, 아들 강훈의 한없는 도움과 사랑에 늘 감사합니다.

우리의 삶 속에는 기획의 과정이 늘 존재합니다. 무언가를 성취하고 이루기 위해서 생각하고 준비하는 과정입니다. 전문분야에서의 성과와 성취를 위한 노력, 삶에 대한 끊임없는 도전과 노력을 하고 있는 우리를 위하여 이 책을 바칩니다.

2022년 2월
저자 최현선

차 례

제2부　　사례를 통해 배우는 공공기관 사회가치와 혁신

공공부문의 기획 및 성과 관리 방향

01 공공기관 개요

1. 공공기관의 개념

공공기관은 공공성을 근간으로 공적인 역할을 수행하는 기관을 말한다. 그렇다면 여기서 말하는 공공성이란 무엇인가. Bozeman(1987)은 어느 기업도 완전히 공적이거나 사적일 수 없으며, 소유권, 재정지원, 통제권의 세 가지 차원 위에 조직의 공공성이 있다고 설명하였다(권오성 외 2009: 54). 국가마다 공공기관의 소유권, 재정지원, 통제권의 정도가 상이하며, 이에 따라 국가별로 공공기관의 명칭, 형태, 기능이 상이하다. 일반적으로 공기업, 국영기업, 준정부조직 등을 공공기관으로 통칭한다.

OECD는 'OECD 공기업 지배구조 가이드라인'(이하 OECD 가이드라인)을 발간하여 공기업 지배구조의 설계에 관하여 국제적인 가이드라인을 제시하였다.[1] OECD 가이드라인에서는 공기업을 '목적상, 각국의 법률에서 사업체로 인정하는 모든 기업실체 중 국가가 소유권을 행사하는 실체'라고 정의하였다. OECD의 정의에 따른 공기업에는 합자회사(joint stock company), 유한책임회사(limited liability company), 주식합자-파트너쉽(partnership limited by shares), 그리고 특정 법안을 통해 법인격이 부여된 법정 공공기관(statutory corporation)의 활동 일부가 경제적인 성격을 가진

---

1 OECD 가이드라인은 2005년에 처음 제정되었으며, 10년간의 시행 경험을 반영하여 2015년에 개정되었다.

다고 판단될 경우가 포함된다. 국영기업은 일반적으로 국가재정에 의해 운영되는 공기업들 중에서 공익적 필요에 의해 국가의 소유권과 통제권이 상당하여 국가가 직접 경영을 주도하는 경우 국영기업으로 분류된다(허난이 2016, 120). 그리고 준정부조직은 전통적인 부처조직 밖에서 부처와 일정거리 및 독립성을 유지하면서 공공기능을 수행하는 조직으로 정의된다(Baker 1982; 권오성 외 2009: 54-55). OECD 가이드라인은 국가의 소유권 행사가 공기업의 경영활동에 영향을 미칠 수 있는 정부의 다른 기능과 명확히 분리되어야 하며, 이를 위하여 소유권 기능의 집중화가 바람직하며, 공기업 지배구조에 관한 정부의 역할 및 소유권 정책의 집행방법 등을 개발하고 공표해야 한다는 것을 강조하였다(정동관 외 2020: 36-37).

우리나라에서는 중앙정부, 지방자치단체가 아닌 법인, 단체, 기관 중에서 정부재정이 투입되거나 공공 기능을 수행하는 기관을 정부투자기관, 정부산하기관, 정부산하단체 등으로 칭하였으나, 2007년 「공공기관의 운영에 관한 법률」이 제정되면서 '공공기관'이라는 용어로 통일하여 사용하고 있다. OECD 가이드라인에서는 상업적 수익을 추구하는 '공기업'만을 적용대상으로 삼고 있으나, 우리나라에서는 이를 확장하여 사실상 준정부기관도 공기업과 동일한 지배구조와 관리방식을 적용하고 있다.

2. 대한민국 공공기관 개요

1) 대한민국 공공기관의 개념과 유형[2]

「공공기관의 운영에 관한 법률(이하 '공운법')」이 제정되기 이전에는 공공기관의 개념과 범위가 불분명하여 공공기관을 관리하는 데 어려

---

[2] 최현선 (2021: 8-15) 참조

움을 겪었다.[3] 2007년 「공운법」의 제정으로 공공기관의 법적 개념과 유형이 명확히 제시되었다. 공공기관이란 정부의 투자 출자 또는 정부의 재정지원 등으로 설립·운영되는 기관으로서 「공운법」 제4조 1항 각호의 요건에 해당하여 기획재정부장관이 지정한 기관을 의미한다. 기획재정부장관은 법률에 따라 설립되고 정부가 출연한 기관, 정부의 진 간접지원액이 총수입액의 1/2을 초과하는 기관, 정부나 공공기관이 "사실상 지배력을 확보"(「공운법」 제2조 참고)한 기관, 정부 또는 공공기관이 출자한 기관을 공공기관으로 지정할 수 있다.

「공운법」 제4조에 따라 지정된 공공기관은 동법 제5조에 따라 공기업, 준정부기관, 그리고 기타공공기관으로 구분된다. 공공기관의 유형을 구분하는 목적은 공공기관의 업무특성과 중요도를 반영하여 맞춤형 지배구조와 관리 감독 수준을 설계하기 위함에 있다. 공공기관의 유형에 따라 「공운법」 상 적용되는 규정이 달라지는데, 공공기관 중 공기업과 준정부기관은 상기한 공통사항[4] 이 외에도 이사회, 임원 임명 및 구성, 예산회계, 경영 감독 등 「공운법」 제16조에서 제52조의 6에 이르는 규정과 보칙 제54조의 적용대상이 된다.

「공운법」 제5조에 따른 공공기관의 유형은 다음의 표와 같이 나뉜다.

---

[3] 기존의 「정부투자기관 관리기본법」과 「정부산하기관 관리기본법」의 적용대상기관이 아닌 공공기관들은 업무의 공공성에도 불구하고 사실상 관리의 사각지대에 놓여 있었다 (국회예산처 2020: 144).

[4] 전체 공공기관에 적용되는 「공운법」 조항은 제11조-제15조, 보칙 제53조-제53조3 및 벌칙 제55조-제56조

표 1 공공기관의 유형

구분		내용
공기업		직원 정원이 50인 이상이고, 자체수입액이 총수입액의 2분의 1 이상인 공공기관 중에서 기획재정부장관이 지정한 기관
	시장형	자산규모가 2조원 이상이고, 총 수입액중 자체수입액이 85% 이상인 공기업 (한국전력공사,한국가스공사 등)
	준시장형	시장형 공기업이 아닌 공기업 (한국조폐공사,한국방송광고진흥공사 등)
준정부기관		직원 정원이 50인 이상이고, 공기업이 아닌 공공기관 중에서 기획재정부장관이 지정한 기관
	기금관리형	국가재정법에 따라 기금을 관리하거나, 기금의 관리를 위탁받은 준정부기관 (국민체육진흥공단,국민연금공단 등)
	위탁집행형	기금관리형 준정부기관이 아닌 준정부기관 (한국국제협력단,한국장학재단 등)
기타공공기관		공기업, 준정부기관이 아닌 공공기관

자료: 공공기관 경영정보 공개시스템 알리오 홈페이지 (https://www.alio.go.kr/)

공기업과 준정부기관은 직원 정원이 50인 이상인 공공기관 중에서 지정하며 자체 수입액 비중, 자산규모, 기금관리 여부 등을 기준으로 세부유형을 구분한다. 공기업은 직원 정원이 50인 이상으로 자체수입액이 총수입액의 2분의 1 이상인 기관 중에서 지정하며 시장형 공기업과 준시장형 공기업으로 유형을 세분한다. 시장형 공기업은 자산규모가 2조원 이상이고, 총수입액 중 자체수입액이 차지하는 비중이 85% 이상인 기관을, 준시장형 공기업은 시장형 공기업을 제외한 나머지 기관을 말한다.

한편, 준정부기관은 직원 정원이 50인 이상이고 공기업이 아닌 공공기관 중에서 지정하며 기금관리형 준정부기관과 위탁집행형 준정부기관으로 유형을 세분한다. 기금관리형 준정부기관은 「국가재정법」에 따라 기금을 관리하거나 기금의 관리를 위탁받은 기관을, 위탁집행형 준정부기관은 기금관리형 준정부기관이 아닌 기관을 말한다.

공공기관 중 공기업 또는 준정부기관으로 지정되지 아니한 나머지 기관을 기타공공 기관으로 지정한다. 여기에는 직원 정원이 50인 미만인 공공기관, 직원 정원이 50인 이상이나 공기업 또는 준정부기관으로 지정되지 아니한 공공기관이 포함된다. 다만 요건에 해당하여도 구성원 상호 간에 상호부조 · 복리증진 · 권익향상 · 영업질서 유지 등을 목적으로 설립된 기관, 지방자치단체가 설립하고 운영에 관여하는 기관, 한국방송공사와 한국교육방송공사 등은 공공기관 지정을 제한하고 있다(「공운법」 제4조 ② 참조).

2) 대한민국 공공기관의 역사와 체계

우리나라의 공공기관 운영체계는 다음과 같은 변천을 겪어 지금에 이르렀다.[5]

민간경제의 역량이 상대적으로 부족한 시기에 정부는 조속한 경제개발을 위해 공사와 공기업을 적극적으로 설립하고 활용하였다. 1961년부터 1983년까지 SOC 건설과 기간 · 전략 산업 분야에서 포항제철, 도로공사, 석유공사 등 23개 공사 및 공기업을 신설하였다(조성봉 2002; 홍길표 · 이립 2016: 46 재인용). 1984년 「정부투자기관관리기본법」이 제정되기 이전에 공공기관의 관리는 「정부투자기관예산회계법」에 의하여 24개 정부투자기관을 주무부처가 사전 통제하는 방식으로 이루어졌다. 당시 정부투자기관의 지배구조는 이사회를 정부가 임명하는 경영진만으로 구성하여 별도의 견제장치가 없었다.

5　기획재정부 국가경쟁력강화위원회(2008: 5)와 라영재 외(2018: 25-68) 참조

1984년 「정부투자기관관리기본법」의 제정에 의해 정부투자기관에 대한 경영평가제도가 도입되면서 자율과 책임의 기반으로 하는 사후관리체제로 전환되었다. 정부투자기관의 최고의사결정기관인 이사회는 비상임이사(정부이사와 사외이사)로 구성되는 지배구조로 운영되기 시작하였다. 정부투자기관의 이사회에 정부 공무원이 참석하던 정부이사제도는 1999년 「정부투자기관관리기본법」을 개정하여 폐지하고 민간 비상임이사의 역할을 확대하여 기관의 자율성을 제고하였다.

IMF 외환위기 속에서 출범한 김대중 정부(1998~2003)는 외환위기의 원인 중 하나로 지목된 공공부문의 비효율성을 개선하고자 공공부문의 개혁을 추진하였다. 공공부문의 개혁은 중앙정부, 지방정부뿐만 아니라 공기업과 정부산하기관 등[6]을 대상으로 하였다. "작지만 효율적으로 봉사하는 정부 구현"을 목표로, 조직과 인력의 감축뿐만 아니라 재정운영의 효율화와 자율 · 경쟁 · 성과원리를 도입하고자 하였다. 이에 따라 공기업과 정부산하기관의 폐지 · 통합, 민영화 · 민간위탁, 제도 개선, 준조세 정비, 조직 · 인력 감축 등의 경영혁신 방안이 수립되었다. 그 결과 2002년 12월 기준, 8개 공기업이 민영화되었고, 자회사 66개가 민영화 또는 통폐합되었다.

노무현 정부(2003~2008)는 공공기관의 혁신 비전을 "국민 감동 서비스를 제공하는 세계 일류의 공공기관 실현"으로 정하고 공공기관의 내 · 외 지배구조 개편 및 경영평가의 강화를 추진하였다(기획재정부 2011; 라영재 외 2018: 38 재인용). 특히, 다양한 유형의 공공기관을 체계적으로 관리하기 위하여 「정부산하기관관리기본법」과 「공운법」을 제정하였다. 2004년 「정부산하기관관리기본법」의 제정으로 정부투자기관 뿐만 아니라 정부산하기관(출연 · 출자 · 보조 · 업무 위탁 기관 등)까지

---

6 당시 공공기관은 정부투자기관, 정부출자기관, 정부산하기관, 정부출연기관으로 분류된다.

관리범위가 확대되었고, 정부투자기관과 정부산하기관의 양대 관리체계가 구축되면서 13개 정부투자기관과 88개 정부산하기관이 관리대상이 되었다. 그러나 기존의「정부투자기관관리기본법」과 새로 제정된「정부산하기관관리기본법」의 적용을 받지는 않지만 공공성을 가진 기관들이 관리의 사각지대에 놓여졌다(국회예산처 2020: 144). 2007년「공운법」의 제정으로 공공기관의 법적 개념과 유형을 명확하게 제시되었고 공공기관 관리체계가 대폭 정비되었다.「공운법」에 의해 공공기관은 공기업, 준정부기관, 기타공공기관의 3가지 유형으로 지정되었고, 공공기관의 사업감독은 주무부처가 경영감독은 기획재정부(공공기관운영위원회)가 맡게 되었다.

이명박 정부(2008~2013)는 "공공기관의 선진화"를 표명하였다. 공공기관의 선진화를 위하여 타임오프제도, 복수노조 허용과 같은 노사관계 관련 항목과 경영평가와의 연계 강화 등을 추진하였다. 또한, 유사하거나 중복된 기능을 해소하기 위하여 기관 간 통폐합과 기능조정, 그리고 공공기관의 민영화가 이루어졌다. 그 결과 2012년 11월 기준, 7개 기관의 민영화가 완료되고, 4개 기관의 지분이 매각되었다. 그리고 통합대상 기관으로 지목된 35개 기관 중 16개 통합기관이 출범하고, 5개 기관이 폐지되었다(라영재 외 2018: 51-52). 이처럼 공공기관을 대상으로 한 지속적인 개혁을 추진하였음에도 불구하고 공공기관의 방만 경영 문제는 계속 제기되었다. 공공기관의 부채가 점차 증가하였고 2010년 말 우리나라 공공기관의 총부채액은 사상 처음으로 국가채무를 넘어섰다(노광표 2012; 라영재 외 2018: 55 재인용).

박근혜 정부(2013~2017)는 공공기관의 부채 감축과 공공기관의 방만경영 해소를 위하여 "공공기관의 합리화·정상화 정책"을 추진하였다. 공공기관의 부채비율을 2017년까지 200% 수준으로 관리하는 것을 목표로 하고, 부채가 크게 증가한 12개 중점관리대상 기관을 지정하여 관리하였다. 그 결과 2015년에 중장기 재무관리계획 작성 기관의 부채비율 목표비율 200% 이상을 달성하였고, 2016년에는 177% 달성하였다(기획재정부 2017; 라영재 외 2018: 61 재인용). 그러나 공공기관의 효율성 제고에 집중하여 공공기관의 공공성이 위축되었다고 평가받는다(기획재정부 2018; 라영재 외 2018: 61 재인용).

문재인 정부(2017~2022)는 "정부 운영을 사회적 가치 중심으로 전환, 참여와 협력을 통해 할 일을 하는 정부, 낡은 관행을 혁신하여 신뢰받는 정부"를 목표로 하였고, 이에 따라 공공기관의 혁신은 '공공성을 강화하고, 사회적 가치의 실현을 선도하며, 국민의 신뢰를 회복하는' 방향으로 추진되었다. 문재인 정부는 그동안의 공공기관 개혁 정책이 효율성과 수익성 제고에 집중하여 공공기관 고유의 목적인 공공성이 위축되었다고 판단하고, 공공성을 강화하고 국민의 신뢰를 회복하는 공공기관 혁신을 추진하고 있다(라영재 외 2018: 65-66).

즉, 우리나라 정부의 공공기관 운영시스템은 정부 직접 통제 방식(예산 및 사전 통제)에서 경영의 자율과 책임을 부여하고 경영성과를 평가하는 방향으로 변화해왔다(장지인 외 2013). 특히 1997년 외환위기 이후 공공부문의 생산성과 효율성 향상, 투명성과 책임성 강화, 국민에게 양질의 서비스 제공 등을 위해 성과관리 제도를 본격적으로 도입하여 시행해 오고 있다(노영래 2019: 1). 그러나 최근 한국토지주택공사(LH) 직원들의 신도시 땅 투기 의혹과 같은 사건들이 발생할 때마다 공공기관의 방만 경영이 문제시되고 있으며, 공공기관의 책임 있는 운영과 성과관리가 요구된다.

3) 대한민국 공공기관의 주요 현황

대한민국의 공공기관은 「공운법」 제 5조에 따라 시장형 공기업, 준시장형 공기업, 기금관리형, 위탁집행형 준정부기관, 기타공공기관으로 구분된다. 2020년 1월 기준 공공기관은 총 340개 기관으로, 공기업 36개(시장형 16개, 준시장형 20개), 준정부기관 95개(기금관리형 13개, 위탁집행형 82개), 기타공공기관 209개 기관이 지정되어 있다. 2020년 1월 정기지정에 따라 기획재정부는 공공기관 지정 요건에 부합하는 4개 기관을 신규로 지정하였고,[7] 기존 공공기관 중 해산되었거나 정부지원 축소 등으로 지정의 필요성이 감소한 3개 기관을 지정에서 해제하는 등 총 340개 기관을 공공기관으로 확정하였다. 또한 정원의 증가, 신규 지정 후 일정 기간의 경과와 같은 여건 변화를 반영하여 3개 공공기관의 유형을 변경하였다.[8]

주무부처별 공공기관 현황(2020년 2월 기준)을 살펴보면(표 2), 공공기관이 가장 많은 부처는 과학기술정보통신부로 총 45개 과학기술분야 정부출연기관 등의 공공기관이 소속되어 있다.

표 2 | 주무부처별 공공기관 현황

주무부처	기관유형	공공기관
법무부(3)	기타공공기관	대한법률구조공단, 정부법무공단, 한국법무보호복지공단
문화재청(1)	기타공공기관	한국문화재재단

---

7 2020년 1월 신규 지정된 기관은 (재)축산환경관리원, 아동권리보장원, 한국자활복지개발원, 한국등산 트레킹지원센터이다.

8 한국건강가정진흥원과 한국수목원관리원이 기타공공기관에서 위탁집행형 준정부기관으로, 한국원자력환경공단이 기금관리형 준정부기관에서 위탁집행형 준정부기관으로 유형이 변경되었다.

	공기업(준시장형)	그랜드코리아레저(주)
문화체육관광부(32)	준정부기관(기금관리형)	서울올림픽기념국민체육진흥공단, 한국언론진흥재단
	준정부기관(위탁집행형)	국제방송교류재단, 아시아문화원, 한국관광공사, 한국콘텐츠진흥원
	기타공공기관	(재)예술경영지원센터, 게임물관리위원회, 국립박물관문화재단, 대한장애인체육회, 대한체육회, 세종학당재단, 영상물등급위원회, 영화진흥위원회, 예술의전당, 재단법인 국악방송, 태권도진흥재단, 한국공예디자인문화진흥원, 한국도박문제관리센터, 한국문학번역원, 한국문화관광연구원, 한국문화예술교육진흥원, 한국문화예술위원회, 한국문화정보원, 한국문화진흥주식회사, 한국영상자료원, 한국예술인복지재단, 한국저작권보호원, 한국저작권위원회, 한국체육산업개발(주), 한국출판문화산업진흥원
국무조정실 및 국무총리 비서실(24)	기타공공기관	경제·인문사회연구회, 과학기술정책연구원, 국토연구원, 대외경제정책연구원, 산업연구원, 에너지경제연구원, 정보통신정책연구원, 통일연구원, 한국개발연구원, 한국교육개발원, 한국교육과정평가원, 한국교통연구원, 한국노동연구원, 한국농촌경제연구원, 한국법제연구원, 한국보건사회연구원, 한국여성정책연구원, 한국조세재정연구원, 한국직업능력개발원, 한국청소년정책연구원, 한국해양수산개발원, 한국행정연구원, 한국형사정책연구원, 한국환경정책평가연구원
공정거래위원회(2)	준정부기관(위탁집행형)	한국소비자원
	기타공공기관	한국공정거래조정원
국가보훈처(3)	준정부기관(위탁집행형)	독립기념관, 한국보훈복지의료공단
	기타공공기관	88관광개발(주)
금융위원회(8)	준정부기관(기금관리형)	신용보증기금, 예금보험공사, 한국자산관리공사, 한국주택금융공사
	기타공공기관	서민금융진흥원, 중소기업은행, 한국산업은행, 한국예탁결제원
국방부(3)	기타공공기관	국방전직교육원, 전쟁기념사업회, 한국국방연구원

방위사업청 (2)	기타공공기관	국방과학연구소, 국방기술품질원
환경부(11)	공기업(준시장형)	한국수자원공사
	준정부기관(위탁집행형)	국립공원공단, 국립생태원, 한국환경공단, 한국환경산업기술원
	기타공공기관	㈜워터웨이플러스, 국립낙동강생물자원관, 수도권매립지관리공사, 한국상하수도협회, 한국수자원조사기술원, 환경보전협회
고용노동부 (11)	준정부기관(기금관리형)	근로복지공단
	준정부기관(위탁집행형)	한국고용정보원, 한국산업안전보건공단, 한국산업인력공단, 한국장애인고용공단
	기타공공기관	건설근로자공제회, 노사발전재단, 학교법인한국폴리텍, 한국기술교육대학교, 한국사회적기업진흥원, 한국잡월드
기상청(2)	준정부기관(위탁집행형)	한국기상산업기술원
	기타공공기관	(재)APEC기후센터
관세청(1)	기타공공기관	(재)국제원산지정보원
기획재정부 (4)	공기업(준시장형)	한국조폐공사
	준정부기관(위탁집행형)	한국재정정보원
	기타공공기관	한국수출입은행, 한국투자공사
보건복지부 (27)	준정부기관(기금관리형)	국민연금공단
	준정부기관(위탁집행형)	건강보험심사평가원, 국민건강보험공단, 사회보장정보원, 한국건강증진개발원, 한국노인인력개발원, 한국보건복지인력개발원, 한국보건산업진흥원, 한국보육진흥원
	기타공공기관	국가생명윤리정책원, 국립암센터, 국립중앙의료원, 대구경북첨단의료산업진흥재단, 대한적십자사, 아동권리보장원, 오송첨단의료산업진흥재단, 재단법인 의료기관평가인증원, 재단법인 자활복지개발원, 재단법인 한국공공조직은행, 재단법인 한국장기조직기증원, 한국국제보건의료재단, 한국보건의료연구원, 한국보건의료인국가시험원, 한국사회복지협의회, 한국의료분쟁조정중재원, 한국장애인개발원, 한국한의약진흥원

식품의약품 안전처 (4)	준정부기관(위탁집행형)	한국식품안전관리인증원
	기타공공기관	식품안전정보원, 한국의료기기안전정보원, 한국의약품안전 관리원
여성가족부 (5)	준정부기관(위탁집행형)	한국청소년상담복지개발원, 한국청소년활동진흥원, 한국건 강가정진흥원
	기타공공기관	한국양성평등교육진흥원, 한국여성인권진흥원
국토교통부 (25)	공기업(시장형)	인천국제공항공사, 한국공항공사
	공기업(준시장형)	제주국제자유도시개발센터, 주식회사 에스알, 주택도시보증 공사, 한국감정원, 한국도로공사, 한국철도공사, 한국토지주 택공사
	준정부기관(위탁집행형)	국토교통과학기술진흥원, 재단법인 대한건설기계안전관리 원, 한국교통안전공단, 한국국토정보공사, 한국시설안전공 단, 한국철도시설공단
	기타공공기관	㈜한국건설관리공사, 새만금개발공사, 주택관리공단㈜, 코레 일관광개발㈜, 코레일네트웍스㈜, 코레일로지스㈜, 코레일유 통㈜, 코레일테크㈜, 한국해외인프라도시개발지원공사, 항공 안전기술원
농림축산식 품부 (12)	공기업(준시장형)	한국마사회
	준정부기관(위탁집행형)	농림수산식품교육문화정보원, 농림식품기술기획평가원, 축 산물품질평가원, 한국농수산식품유통공사, 한국농어촌공사
	기타공공기관	(재)한식진흥원, 가축위생방역지원본부, 국가식품클러스터지 원센터, 국제식물검역인증원, 농업정책보험금융원, (재)축산 환경관리원
농촌진흥청 (1)	준정부기관(위탁집행형)	농업기술실용화재단
산림청 (4)	준정부기관(위탁집행형)	한국산림복지진흥원, 한국임업진흥원, 한국수목원관리원
	기타공공기관	한국등산 · 트레킹지원센터

해양수산부 **(16)**	공기업(시장형)	부산항만공사, 인천항만공사
	공기업(준시장형)	여수광양항만공사, 울산항만공사, 해양환경공단
	준정부기관(위탁집행형)	한국수산자원공단, 한국해양교통안전공단, 한국해양수산연수원, 해양수산과학기술진흥원
	기타공공기관	국립해양박물관, 국립해양생물자원관, 한국어촌어항공단, 한국항로표지기술원, 한국해양과학기술원, 한국해양조사협회, 한국해양진흥공사
외교부 **(3)**	준정부기관(위탁집행형)	한국국제협력단
	기타공공기관	재외동포재단, 한국국제교류재단
통일부 **(2)**	기타공공기관	(사)남북교류협력지원협회, 북한이탈주민지원재단
과학기술정 **보통신부** **(45)**	준정부기관(위탁집행형)	(재)우체국금융개발원, (재)우체국물류지원단, (재)한국우편사업진흥원, 연구개발특구진흥재단, 정보통신산업진흥원, 한국과학창의재단, 한국방송통신전파진흥원, 한국연구재단, 한국인터넷진흥원, 한국정보화진흥원
	기타공공기관	(재)우체국시설관리단, 과학기술일자리진흥원, 광주과학기술원, 국가과학기술연구회, 국립광주과학관, 국립대구과학관, 국립부산과학관, 기초과학연구원, 대구경북과학기술원, 울산과학기술원, 재단법인 한국여성과학기술인지원센터, 한국건설기술연구원, 한국과학기술기획평가원, 한국과학기술연구원, 한국과학기술원, 한국과학기술정보연구원, 한국기계연구원, 한국기초과학지원연구원, 한국나노기술원, 한국데이터산업진흥원, 한국생명공학연구원, 한국생산기술연구원, 한국식품연구원, 한국에너지기술연구원, 한국원자력연구원, 한국원자력의학원, 한국전기연구원, 한국전자통신연구원, 한국지질자원연구원, 한국천문연구원, 한국철도기술연구원, 한국표준과학연구원, 한국한의학연구원, 한국항공우주연구원, 한국화학연구원
방송통신위 **원회** **(2)**	공기업(준시장형)	한국방송광고진흥공사
	준정부기관(위탁집행형)	시청자미디어재단

원자력안전 위원회 (3)	기타공공기관	한국원자력안전기술원, 한국원자력안전재단, 한국원자력통 제기술원
경찰청 (1)	준정부기관(위탁집행형)	도로교통공단
소방청 (1)	준정부기관(위탁집행형)	한국소방산업기술원
인사혁신처 (1)	준정부기관(기금관리형)	공무원연금공단
행정안전부 (3)	준정부기관(위탁집행형)	한국승강기안전공단
	기타공공기관	(재)일제강제동원피해자지원재단, 민주화운동기념사업회
산업통상자 원부 (40)	공기업(시장형)	(주)강원랜드, 한국가스공사, 한국광물자원공사, 한국남동발 전(주), 한국남부발전(주), 한국동서발전(주), 한국서부발전 (주), 한국석유공사, 한국수력원자력(주), 한국전력공사, 한국 중부발전(주), 한국지역난방공사
	공기업(준시장형)	(주)한국가스기술공사, 대한석탄공사, 한국전력기술주식회 사, 한전KDN, 한전KPS(주)
	준정부기관(기금관리형)	한국무역보험공사
	준정부기관(위탁집행형)	대한무역투자진흥공사, 한국가스안전공사, 한국광해관리공 단, 한국디자인진흥원, 한국산업기술진흥원, 한국산업기술평 가관리원, 한국산업단지공단, 한국석유관리원, 한국에너지공 단, 한국에너지기술평가원, 한국원자력환경공단, 한국전기안 전공사, 한국전력거래소
	기타공공기관	(재)한국스마트그리드사업단, 재단법인 한국에너지재단, 전 략물자관리원, 한국로봇산업진흥원, 한국산업기술시험원, 한 국세라믹기술원, 한국에너지정보문화재단, 한국전력국제원 자력대학원대학교, 한전원자력연료주식회사

	준정부기관(기금관리형)	기술보증기금, 중소벤처기업진흥공단
중소벤처기업부 (11)	준정부기관(위탁집행형)	소상공인시장진흥공단, 중소기업기술정보진흥원, 창업진흥원
	기타공공기관	(재)중소기업연구원, (주)공영홈쇼핑, 신용보증재단중앙회, 재단법인 장애인기업종합지원센터, 중소기업유통센터, 한국벤처투자
특허청(5)	준정부기관(위탁집행형)	한국특허전략개발원
	기타공공기관	한국발명진흥회, 한국지식재산보호원, 한국지식재산연구원, 한국특허정보원
교육부 (22)	준정부기관(기금관리형)	사립학교교직원연금공단
	준정부기관(위탁집행형)	한국교육학술정보원, 한국장학재단
교육부 (22)	기타공공기관	강릉원주대학교치과병원, 강원대학교병원, 경북대학교병원, 경북대학교치과병원, 경상대학교병원, 국가평생교육진흥원, 동북아역사재단, 부산대학교병원, 부산대학교치과병원, 서울대학교병원, 서울대학교치과병원, 전남대학교병원, 전북대학교병원, 제주대학교병원, 충남대학교병원, 충북대학교병원, 한국고전번역원, 한국사학진흥재단, 한국학중앙연구원

주: 2020년 2월 기준 공공기관 경영정보 공개시스템 알리오(www.alio.go.kr)를 바탕으로 작성
자료: 국회예산정책처 (2020) 2020 대한민국 공공기관, pp. 200-211

공공기관 경영정보 공개시스템(alio)에 따르면 공공기관의 총수입은 정부 수입(직접지원수입, 간접지원수입) 외에도 부대수입, 차입금, 기타 수입 등으로 구성되어 있다. 2020년도 공공기관의 유형별로 총수입에서 정부 예산이 차지하는 비중의 현황을 살펴보면 [표 3]과 같다(국회예산정책예산처 2020: 14-15). 표를 보면 시장형 공기업은 자체사업수입으로 대부분의 사업을 수행하여 정부 재원에 의존도가 비교적 낮으나, 위탁집행형 준정부기관과 기금관리형 준정부기관은 정부 재원의 의존 비중이 비교적 높은 것을 확인할 수 있다.

표 3 2020년도 공공기관의 총수입 대비 정부지원 예산 비중 현황

표 3 2020년도 공공기관의 총수입 대비 정부지원 예산 비중 현황

(단위: 억 원, %)

공공기관 유형	정부지원 예산	총수입	총수입 대비 정부지원 예산 비중
시장형 공기업	825	1,604,720	0.051
준시장형 공기업	59,827	942,922	6.3
기금관리형 준정부기관	348,314	2,272,581	15.33
위탁집행형 준정부기관	370,220	1,774,006	20.87
기타공공기관	118,105	1,308,971	9.0
계	897,260	7,903,201	11.4

주: 1. 자료의 숫자는 반올림되어 있으므로 세부항목의 합이 전체 합계와 일치하지 않을
수 있음
   2. 공공기관 경영정부 공개시스템 및 공공기관의 제출자료를 바탕으로 작성
자료: 국회예산정책처(2020: 15)의 표를 일부 수정

정부지원 예산은 정부 예산안 및 기금운용계획안에 편성되어 국회
의 심의와 의결을 통해 확정된 후 교부된다. 공공기관의 정부지원 예
산은 출연금, 출자금, 보조금, 부담금, 이전수입, 위탁수입, 기타수입
으로 구분되어 집계되고 있다.[9] 국회예산정책예산처(2020: 7)에 따르
면 전체 공공기관에 대한 2021년도 정부지원 예산안 규모는 총 101.7조
원이다. 2021년도 정부지원 예산안을 공공기관의 유형과 지원 유형

---

[9] 정부순지원수입의 유형별 분류(국회예산정책처 2020: 7)
   • 출연금: 해당 연도 정부 예산에 편성된 출연금 수입액
   • 출자금: 해당 연도 정부 예산에 편성된 출자금 수입액
   • 보조금: 해당 연도 정부 예산에 편성된 보조금 수입액
   • 부담금: 「부담금관리 기본법」에 따른 수입액
   • 이전수입: 정부 관리 기금 등으로부터의 전입액
   • 위탁수입: 정부와 직접 체결한 위탁사업에 따른 수입액
   • 기타수입: 출연금, 출자금, 보조금, 부담금, 이전수입, 위탁수입의 이자, 부대수입 등

별로 분류하면 다음 표와 같다.

표 4 **2021년도 공공기관 유형 및 지원 유형별 정부지원 예산안**

(단위: 억 원, %)

공공기관 유형	출연금	출자금	보조금	부담금	이전수입	위탁수입	계
시장형 공기업	0 (0.0)	753 (64.9)	296 (25.5)	0 (0.0)	0 (0.0)	112 (9.6)	1,161 (100.0)
준시장형 공기업	0 (0.0)	63,672 (89.4)	5,779 (8.1)	0 (0.0)	0 (0.0)	1,793 (2.5)	71,244 (100.0)
기금관리형 준정부기관	33,821 (8.6)	295 (0.1)	1,547 (0.4)	0 (0.0)	356,764 (90.9)	7 (0.002)	392,434 (100.0)
위탁집행형 준정부기관	166,624 (41.2)	200 (0.05)	140,542 (33.9)	20,134 (4.9)	37,271 (9.0)	45,578 (11.0)	410,349 (100.0)
기타공공 기관	84,643 (59.8)	20,595 (14.9)	24,373 (17.3)	1,221 (0.9)	771 (0.01)	9,741 (7.0)	141,344 (100.0)
계	285,089 (28.0)	85,515 (8.4)	172,538 (17.0)	21,355 (2.1)	394,805 (38.8)	57,231 (5.6)	1,016,533 (100.0)

주: 1. 자료의 숫자는 반올림되어 있으므로 세부항목의 합이 전체 합계와 일치하지 않을
　　 수 있음
　 2. 괄호 안은 기관유형에서 지원유형이 차지하는 비중을 의미함
　 3. 각 공공기관의 제출자료를 바탕으로 작성
자료: 국회예산정책처(2020: 11)

　표를 살펴보면 정부지원 예산안 규모가 가장 적은 시장형 공기업은
주로 출자금과 보조금 위주로 정부지원 예산안이 편성되었음을 알 수
있다. 준시장형 공기업은 정부지원 예산안 중 출자금의 비중이 가장

높다. 기금관리형 준정부기관의 경우 정부지원 예산안의 대부분을 이전수입의 비중이 대다수를 차지하고 있다. 위탁집행 준정부기관은 정부지원 예산안의 대부분이 출연금과 보조금이다. 기타공공기관은 정부지원 예산안 중 출연금이 과반수 이상을 차지하고 있다.

02 공공기관의 성과관리체계

1. 공공기관 성과관리체계 개요

1) 성과관리의 필요성과 목적

1970년대 말부터 시작된 신공공관리(New Public Management: NPM)의 영향으로 공공부문의 효율성이 강조되었고, 성과창출을 위한 다양한 혁신기법과 성과관리제도가 도입되었다. 성과관리란 일반적으로 경영활동을 통해 달성한 실적을 체계적으로 관리하여 조직이 기대하는 목표를 달성하는 것을 목적으로 하는 경영관리의 체계로 이해되고 있다. 우리나라는 2006년 「정부업무평가기본법」을 제정하여 국무총리실을 중심으로 공공부문의 성과관리체계를 구축하였고, 중앙행정기관, 지방자치단체, 그리고 공공기관을 대상으로 성과관리를 실시하고 있다. 「정부업무평가기본법」에서는 성과관리를 '정부업무를 추진함에 있어서 기관의 임무, 중장기 목표, 연도별 목표 및 성과지표를 수립하고, 그 집행과정 및 결과를 경제성 능률성 효과성 등의 관점에서 관리하는 일련의 활동'으로 정의하고 있다. 즉 성과관리를 투입, 과정, 산출, 결과와 연계하여 정의된다.

성과관리의 목적은 공공부문의 궁극적인 주인인 국민에게 양질의 서비스를 제공하기 위하여 각 기관이 맡은 임무에 대한 목표를 설정하고 이 목표가 효과적·효율적으로 달성될 수 있도록 하는 것이다. 공공부문은 국민의 세금에 기반한 재원을 사용한다는 점에서 '책임성

(accountability)'의 의무를 지고 있다. 따라서 공공부문은 유능하고 책임 있는 정부를 만들어 국민에게 질 높은 서비스를 제공해야 한다(박노욱 외 2015). 하지만 공공부문의 궁극적인 주인인 국민의 이익보다 부처나 공공기관의 이익이 우선시 될 수 있으며 주인이 대리인의 활동을 완벽하게 감시할 수 없기 때문에 주인-대리인 문제가 발생할 가능성이 높다. 성과관리를 통해 '국민에게 질 높은 서비스를 제공'한다는 공공기관의 모호한 목표를 측정 가능한 평가 지표화하여 공공부문의 주인-대리인 문제를 해소할 수 있다. 즉 공공부문의 효율적인 운영과 방만 경영을 방지하기 위하여 성과관리 제도가 운영되고 있다.

특히 공공기관은 대국민서비스를 활성화하기 위한 특정한 목적 사업을 수행하며 공공성과 시장성을 추구하며 소유와 경영이 분리되는 특성을 가진다. 공공기관의 활동은 국민경제에 미치는 파급효과가 크지만, 외부효과가 발생하는 공공서비스의 특징으로 인해 비효율성의 발생이 불가피한 측면이 있다. 따라서 정부는 공공기관 지정·분류, 공공기관 신설 타당성 심사, 공공기관 기능조정 등을 실시하며, 공공기관의 정원관리, 총액인건비제도, 중장기 재무관리계획 제출 등을 통해 공공기관의 인적 자원과 물적 자원을 관리하고 있다. 또한, 공공기관의 경영공시 및 통합공시, 고객만족도 조사, 경영평가 등을 통해 공공기관의 성과를 관리하고 있다. 공공기관의 성과관리제도는 경영자에게는 기관의 경영효율성 제고를 위해 노력하는 동기를 부여하며, 조직구성원에게는 목표달성에 대한 책임의식과 동기를 부여할 수 있다. 즉 정부는 공공기관에게 경영자율권을 보장하되 성과관리제도를 통해 경영실적에 대한 책임을 물어, 공공기관이 경영목표를 명확하게 하고 핵심 역량분야에 자원을 집중할 수 있도록 한다. 공공기관의 성과관리제도는 피평가기관의 유인체계와의 연계를 통한 정부의 성과주의제도의 수단이자, 엄격한 의미에서는 공공기관에 대한 정부의 통제 수단으로 이해할 수 있다(김준기 2001: 101).

2) 통합관리모델의 특징

성과관리는 조직과 개인의 목표와 성과지표를 설정하고 설정지표에 근거하여 체계적이고 통합적인 관리를 통해 이루어진다(이윤식 외 2006; 신열 2008; 김준기 2014: 157-158). 과거에는 업무수행과정에서 투입이나 절차가 적절하게 이루어지면 그에 따른 산출과 결과가 좋을 것이라 보고, 관리는 '과정에 대한 관리'와 '통제'를 중심으로 이루어졌다. 그러나 이러한 과정과 통제 중심의 관리가 복잡한 현대 행정환경에 적합하지 않았고 비효율을 발생시킴에 따라, 전략적 기획을 바탕으로 전략적 기획을 실현하는 성과관리 체계를 구축하게 되었다.

미국은 1994년 Government Performance and Results Act(이하, GPRA)를 제정하여 공공부문의 체계적인 성과관리를 통해 사업의 효과성과 책임성을 증대하고 국민들의 신뢰를 향상시키기 위해 노력하였다. 미국의 GPRA는 성과관리의 기본 구성 요소로서 전략적 기획(Strategic planning), 행동 계획(Performance planning), 성과측정(Performance measures) 및 성과정보 보고(Reporting)를 제시하였다. 우리나라의 공공부문을 대상으로 이루어지고 있는 성과관리제도는 미국과 유사하게 계획 수립, 집행·점검 평가, 평가결과의 환류의 과정 속에서 관리되고 있다. 이하에서는 성과관리의 각 단계별 특성을 설명한다.

첫째, 성과관리는 전략적 기획이 추구하는 조직의 임무, 비전, 목적을 달성하기 위한 수단으로서, 기본적으로 전략적 기획의 큰 틀 안에서 이루어진다. 전략적 기획은 기관의 임무를 달성하기 위하여 비전, 전략목표, 프로그램의 목표, 단위사업 등의 성과관리 목표체계를 설정하는 것을 말한다. 기관이 달성하고자 하는 바를 정확히 파악하고 그에 따른 예산 투입의 성과를 식별하기 위해서는 성과관리의 구성요소들(임무-비전-전략목표-성과목표-성과지표[10])이 논리적으로 연계되어야 한다. 또한 각 요소들의 구체성과 객관성은 임무-비전-전략목표-성과목표-성과지표로 갈수록 강화된다. 따라서 전략목표가 일반적 표현이나 열망을 나타내는 수준일 경우 다음 단계의 성과목표나 성과지표가 모호해질 가능성이 높기 때문에, 전략목표와 성과목표를 명확하고 구체적으로 설정하는 것이 중요하다(국무조정실 2006: 7).

둘째, 시행 계획에서는 장기적인 전략 목표를 달성하기 위한 구체적인 성과 목표를 설정하고 연차별 중간목표를 제시하여 전략적 계획을 집행한다. 우리나라의 경우, 중앙행정기관이 주어진 자원을 효율적으로 배분하여 정책을 추진하고 과제의 추진과정과 실적 등 이행상황을 점검하여 목표달성에 차질이 없도록 관리하고 있다(김세움 외 2013: 17). 특히 2005년부터 정책품질관리제도를 도입하여 사회적 파급효과가 큰 주요 정책에 대해서 계획-집행-산출 및 결과-활용의 정책 단계별로 정책품질관리메뉴얼에 따른 점검사항을 확인하고 관리하여 정책실패를 예방하고 정책의 품질 제고를 도모하고 있다(국무조정실 2008: 7).

셋째, 시행 계획에서 제시한 목표를 실제 어느 정도 달성하였는지 성과측정을 통해 평가가 이루어진다. 우리나라의 공공부문 평가는 중앙행정기관 대상으로 자체평가와 특정평가로 구분·실시되는 '중앙행정기관 평가', 지방자치단체의 업무 추진성과 등에 대해 중앙행정기관 위임사무 평가와 지자체 자체평가로 구분·실시되는 '지방자치단체 평가', 중앙행정기관의 장 등 평가실시기관이 공공기관의 경영

10　우리나라 국무조정실(2006)은 성과관리의 구성 요소로 임무, 비전, 전략 목표, 성과 목표, 성과 지표를 제시하고 있다.

실적 및 연구실적 등에 대하여 평가하는 '공공기관 평가'가 있다.

마지막으로, 성과정보의 보고는 성과측정 결과 또는 평가결과를 다음 성과계획 및 활동·업무에 환류하기 위해 이루어진다. 성과관리의 목적은 평가 결과에 대한 적극적인 환류를 토대로 사업 성과의 향상을 도모하는 데 있다. 평가결과의 환류는 개인차원과 기관차원에서 이루어진다. 개인차원의 평가결과 환류는 과제의 평가결과를 과제를 추진한 개인의 성과와 연계하여 인사에 반영하거나 성과급 지급 등에 반영되며, 기관차원의 평가결과 환류는 정책의 개선, 예산 편성시에 반영, 조직관리에 활용된다(국무조정실 2008: 10).

전략적 기획과 성과측정이 연계되지 않을 경우 전략적 기획의 집행 효과와 성과측정의 평가가 제대로 이루어지기 어렵다. 목표한 성과를 달성하기 위하여 전략적 기획과 성과측정을 유기적으로 연계하는 통합관리모델의 구축이 필요하다. 기관의 중장기비전과 전략, 자원할당, 성과평가 등 보상 프로세스 등을 하나로 연계하여 운영하는 관리체계가 필요한 이유가 여기에 있다(류량도 2004).

한편, 성과관리계획수립시기와 예산편성 주기를 일치시켜 성과관리계획과 예산의 연계를 강화한다. 통합관리모델은 전략적 기획과 성과예산을 매개하기 위한 수단으로 성과측정을 활용한다. 공공기관의 성과측정을 위하여 균형성과표(Balanced Score CARD: BSC), 말콤 볼드리지 국가품질상(Malcolm Baldrige National Quality Award: MBNQA) 등을 활용하고 있다(이와 관련된 내용은 이후 '3. 공공기관 성과관리방법'에서 자세히 다룬다). 공공부문의 조직은 성과관리계획과 연계된 성과예산 제도를 도입하고 있으며, 성과예산 제도는 다음과 같은 과정으로 운영된다.

그림 1   성과예산제도의 운영과정

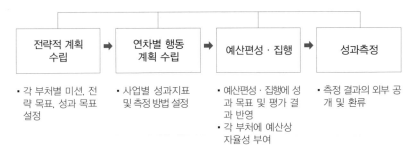

자료: 박홍윤(2014: 380)

2. 경영실적 평가제도의 변천과 특성

공공기관 경영평가제도는 「공운법」 제48조에 따라 매년 공기업·
준정부기관의 자율·책임경영체계 확립을 위하여, 매년도 경영 성과
를 공정하고 객관적으로 평가하는 제도이다. 경영평가제도는 공공기
관의 공공성 및 경영 효율성을 높이고, 경영개선이 필요한 사항에 대
해 전문적인 컨설팅을 제공함으로써 궁극적으로 대국민서비스 개선
을 목적으로 한다. 현행 공공기관 경영평가제도는 '경영실적 평가'와
'상임감사·감사위원 직무수행실적평가'로 구성되어 있다. 본서에서
는 '경영실적 평가제도'의 변천과 특징을 서술한다.

1) 공공기관 경영평가제도의 역사

① 공공기관 경영평가제도 변천의 개요[11]

공공기관의 비효율성을 제고하기 위하여 1983년 「정부투자기관관리기본법」이 제정되었고, 이에 따라 1983년 당시 정부투자기관(현재 공기업에 해당)의 경영실적에 대해 1984년 경영평가를 최초로 실시하였다.

2004년 「정부투자기관관리기본법」의 제정으로 공기업에 한정되었던 공공기관 평가제도가 준정부기관으로 확대되었다. 그리고 2007년 「공운법」의 제정으로 공기업과 준정부기관을 통합하여 평가하게 되었다. 2008년 공공기관의 경영실적 평가부터는 미국의 말콤볼드지리 모델과 같은 국제적으로 보편화된 평과모델에 따른 평가지표 체계를 갖추게 되었다. 또한, PDCA 사이클을 참고하여 계획, 실행, 성과, 환류과정의 실적을 평가하기 시작하였다. 2014년부터는 공공기관 평가 대상이 기타공공기관으로 확대되어 현재 모든 공공기관이 평가의 대상이 되고 있다(노영래 2019: 141). 2018년도부터는 공공기관 경영평가 지표체계에 사회적 가치의 구현이 도입되었다.

공공기관 경영평가제도는 여전히 다양한 공공기관의 업무특성을 다 반영하지 못하는 표준적인 평가지표의 차별화 문제나 기관 간의 경쟁을 유도하는 상대평가의 문제 등의 한계가 존재하지만, 1984년 이후 평가모형, 평가지표체계, 평가시스템 등의 변화를 통해서 발전해왔다(라영재 2020: 70). 이하에서는 1984년 이후 공공기관 경영평가의 대상기관, 평가부문의 변천을 살펴본다.

---

11   박순애 외(2017)와 라영재(2018) 참조

② 평가 대상기관의 변천

1984년부터 1991년 사이의 경영평가대상기관은 24-25개로 대상기관의 수는 거의 변동이 없었다. 초기에는 주요업무와 특성에 따라 금융기관, 대규모 제조기관, 건설 및 기타 제조기관, 진흥 및 서비스기관, 특수회사 등 5가지 기관군으로 분류하였으나 1988년도 경영실적 평가부터 금융기관과 대규모 제조기관을 하나로 통합하여 4개 기관군으로 분류하여 평가하였다.

1993년 공기업 민영화가 추진되면서 금융기관 등 일부 공기업이 「정부투자기관관리기본법」의 적용에서 제외되었다. 이에 따라 1991년도에는 경영실적 평가대상 공기업이 23개 기관이었으나 매년 감소하여 1997년부터는 동법의 적용을 받는 공기업이 13개 기관으로 축소되었다. 평가대상 기관군 분류체계도 1994년도 경영실적 평가부터 금융 및 대규모제조기관, 건설 및 기타 제조기관, 진흥 및 서비스관련 기관 등 3개 기관군으로 분류되었다. 그리고 1997년도 경영실적 평가부터는 금융기관이 제외되고 대규모 제조기관, 건설 및 기타 제조기관, 진흥 및 서비스 관련기관으로 재분류되었다.

2001년도 경영실적평가에서 한국전력공사가 제외되었다가 2002년도 경영실적평가에 다시 포함된 경우를 제외하고, 1999년부터 2004년 사이의 경영실적평가 대상기관은 13개 기관으로 유지되었다. 1998년도 경영실적평가부터 건설 및 제조기관, 진흥 및 서비스 기관 등 2개 기관군으로 분류되었고, 2004년도부터는 건설 및 제조기관 I, 건설 및 제조기관 II, 진흥 및 서비스기관 등 3개 기관군으로 분류되었다.

2004년 「정부산하기관관리기본법」이 제정된 이후 2005년부터 2007년까지 정부산하기관에 대한 경영평가가 시작되었다. 정부산하기관은 사업 특성에 따라 검사·검증, 금융·수익, 문화·국민생활, 산업진흥, 연수·교육훈련, 건설·시설관리, 연구개발 지원, 연·기금 운용 등 8개 유형으로 분류하여 평가를 실시하였다.

그리고 2007년 「공운법」 제정에 따라 종전의 정부투자기관과 정부산하기관이었던 기관이 공기업과 준정부기관으로 재분류되었다. 이에 따라 정부투자기관과 정부산하기관에 대한 경영평가가 폐지되고, '공기업·준정부기관 경영평가'로 통합되어 평가기준과 방법이 일원화되었다. 2007년 이후 경영평가 대상기관의 수 변화는 다음의 표와 같다.

표 5 공공기관 경영평가 대상기관 수 변천

(단위: 개)

연도	공기업	준정부기관	합계
2007	24	77	101
2008	24	76	100
2009	23	73	96
2010	21	79	100
2011	27	82	109
2012	28	83	111
2013	30	87	111
2014	30	86	116
2015	30	86	116
2016	30	89	119
2017	35	88	123
2018	35	93	128
2019	36	93	132
2020	36	95	131
2021	36	94	130

자료: 2008-2017년도는 라영재(2018: 98), 2018-2021년도는 각 연도별 기획재정부 「공공기관 경영평가편람」을 참고하여 작성

③ 평가부문의 변천

공공기관 경영실적 평가의 평가부문은 다음과 같이 변화하였다. 1983년도와 1984년도의 평가에서는 평가부문에 대한 구분 없이 계량지표와 비계량 지표로 구성되었으나, 1985년도부터 평가지표가 '종합, 경영목표, 경영관리, 서비스, 연구개발'로 구분되었다. 1986년부터 1989년도 경영실적 평가는 '종합, 설립목적 수행, 경영관리'와 같이 3개 부문으로 구분하였다. 그리고 1990년도부터 1991년도 경영실적 평가에서 '종합경영, 설립목적 사업, 경영관리'의 3개 부문으로 보다 구체화하였다.

1992년도 경영실적 평가에서 '종합경영, 주요사업 실적, 경영관리 개선'으로 변경되었고, 1993년도 경영실적 평가에서는 '종합경영, 주요사업, 관리효율, 경영관리'의 4개 부문으로 확대되어 2000년도 경영실적평가까지는 이어졌다. 2001년도 경영실적 평가부터 '종합경영, 주요사업, 경영관리'의 3개 부문으로 축소되었다.

2004년 「정부산하기관관리기본법」의 제정으로 2005년부터 2007년까지 정부산하기관에 대한 경영평가가 실시됨에 따라, 정부산하기관의 평가도 정부투자기관과 마찬가지로 '종합경영, 주요사업, 경영관리'로 개편하였다.

2007년 「공운법」 제정을 계기로 2008년도 경영실적 평가부터는 미국의 말콤볼드지리 모델과 같은 국제적으로 보편화된 평과모델에 따라 기존의 부문별·기능별 구분에서 탈피하여 '리더십·전략, 경영시스템, 경영성과'의 3개 범주로 평가를 실시하였다(박순애 외 2017; 라영재 2019). 2011년부터 2013년까지는 공공기관의 경영실적을 체계적이고 종합적으로 평가하기 위하여 '리더십·전략, 경영효율, 주요사업'의 3개 범주로 평가하였다. 이후 공공기관 기관장 평가를 별도로 실시하여 리더십·전략 지표와 중복된다는 지적에 따라(라영재 2020: 68)

2014년부터 리더십 · 전략과 경영효율을 통합하여 평가부문을 경영관리와 주요사업의 2 범주로 평가하고 있다.

표 6 공공기관 평가부문 변천

연도	평가부문
1985	종합, 경영목표, 경영관리, 서비스, 연구개발
1986-1989	종합, 설립목적 수행, 경영관리
1990-1991	종합경영, 설립목적 사업, 경영관리
1992	종합경영, 주요사업 실적, 경영관리 개선
1993-2000	종합경영, 주요사업, 관리효율, 경영관리
2001-2007	종합경영, 주요사업, 경영관리
2008-2010	리더십 · 전략, 경영시스템, 경영성과
2011-2013	리더십 · 전략, 경영효율, 주요사업
2014-현재	경영관리, 주요사업

자료: 각 연도별 기획재정부 「공공기관 경영평가편람」을 참고하여 작성

2) 현행 경영평가제도 구조 및 운영방안[12]

공공기관 경영평가는 「공운법」에 근거하여 매년 1회 평가가 이루어지고 있다. 현재 경영실적 평가는 다음과 같이 이루어지고 있다.

① 개요

현행 경영실적 평가는 크게 경영평가편람 작성, 경영평가 실시, 경영평가결과 환류 및 사후적 성과관리 순으로 이루어진다. 첫 번째,

---

12   기획재정부 (2021) 2021년도 공공기관 경영평가편람을 참조하여 작성

경영평가편람 작성단계이다. 우선, 기획재정부 장관은 공정하고 객관적인 평가를 위하여「공운법」제58조 및 동법 시행령 제27조에 따라 매 회계연도 개시 전까지 평가기준과 방법을 정한 평가편람을 작성한다. 공공기관 경영실적 평가방법은 매년 발간되는 공공기관 경영평가편람에 따르며, 편람은 매년 구성되는 평가단과 이를 지원하는 한국조세연구원 공공기관연구센터를 통해서 검토·개선되고 있다.

두 번째, 경영평가 실시단계이다. 각 기관은「공운법」제43조에 따라 선정된 회계법인 혹은 감사위원에게 경영실적보고서 중 계량지표 관련 실적에 대해 정확성을 확인받아 기획재정부에 제출한다. 이에 기획재정부 장관은 대학교수, 공인회계사 등 민간전문가로 구성된 경영평가단을 구성하여 경영실적 평가를 위탁한다. 현재 공공기관 경영실적 평가를 위하여 공기업 평가단과 준정부기관 평가단을 구분하여 구성하고 있으며, 감사·감사위원 직무수행실적평가는 별도의 감사평가단이 구성된다. 그리고 기획재정부 장관은 경영평가단에 경영평가검증단을 구성하고, 평가검증단·기획재정부·한국조세재정연구원 공공기관연구센터 등이 참여하는 평가검증위원회를 구성할 수 있다.

이렇게 구성된 공기업 평가단, 준정부기관 평가단, 감사 평가단은 정기적으로 평가단 간 협의를 실시한다. 기획재정부 장관 또는 경영평가단장은 경영실적 평가를 위하여 필요한 경우 공기업과 준정부기관에 관련 자료의 제출을 요청할 수 있다. 공기업·준정부기관은「공운법」제57조에 따라 매년 3월 20일까지 전년도 경영실적에 대한 보고서를 작성하여 기획재정부장관과 주무기관의 장에게 제출하여야 한다. 보고서의 작성양식, 제출방법 등은 기획재정부장관이 별도로 정할 수 있다. 공기업과 준정부기관이 제출한 실적보고서 및 관련 자료를 기반으로 6월 20일까지 경영실적 평가를 마치고 공공기관운영위원회의 심의·의결을 거쳐 그 결과를 확정한다. 필요한 경우에는 현장방문, 공기업과 준정부기관 임직원의 인터뷰가 가능하다. 평가 과정에서 경영전략, 리더십, 조직·인사 일반 등 기관장 역량에 관련된 지표에 대한 평가를 기반으로 별도로 '기관장 평가보고서'를 작성할 수 있다.

세 번째, 경영평가결과 환류 및 사후적 성과관리 단계이다. 경영평가 결과에 따라 기관은 성과급을 지급한다. 임·직원의 성과급 지급률은 기관 경영실적 평가결과 등을 고려하여 공공기관운영위원회 심의·의결을 거쳐 기획재정부장관이 결정한다. 경영실적 평가결과 우수기관에 대해서는 기획재정부장관 표창 등을 시행할 수 있다. 반면, 경영실적 평가결과 부진기관은 기획재정부장관 또는 주무부처의 장이 기관으로부터 경영개선계획을 당해연도 9월까지 제출받아 그 이행상황을 점검하고 그 결과를 평가에 반영할 수 있다. 또한 경영실적 평가결과 부진기관의 기관장·상임이사에 대하여 기획재정부 장관은 공공기관운영위원회의 심의 및 의결을 거쳐 임명권자에게 해임을 건의할 수 있다.

② 평가대상 기관

공공기관의 경영실적평가는 「공운법」 제4조 내지 제6조의 공공기관 유형 구분 기준에 따라 구분하여 이루어진다. 다만, 준정부기관 중 일부는 평가부담을 완화하기 위하여 별도의 평가유형 구분 기준을 적용하여 '강소형'으로 구분할 수 있다.

┃표 7┃ 경영실적 평가유형 구분

유형		기준
공기업	공기업 Ⅰ	법률 제4조 내지 제6조에 따라 지정된 공기업 중 사회기반시설(SOC)에 대한 계획과 건설, 관리 등을 주요업무로 하는 대규모기관
	공기업 Ⅱ	법률 제4조 내지 제6조에 따라 지정된 공기업 중 특정 분야의 산업에 대한 진흥을 주요업무로 하는 기관, 중소형 SOC기관, 자회사 등

준정부기관	기금 관리형	법률 제4조 내지 제6조에 따라 직원정원이 50인 이상이고, 「국가재정법」에 따라 기금을 관리하거나 기금의 관리를 위탁받은 기관 중에서 기금관리형 준정부기관으로 지정된 기관(강소형기관 제외)
	위탁 집행형	법률 제4조 내지 제6조에 따라 직원정원이 50인 이상이고, 기금관리형 준정부기관이 아닌 기관 중에서 위탁집행형 준정부기관으로 지정된 기관(강소형기관 제외)
준정부 기관	강소형	법률 제4조 내지 제6조에 따라 위탁집행형 준정부기관으로 지정된 기관 중에서 정원이 300인 미만인 기관과 기금관리형 준정부기관으로 지정된 기관 중에서 자산규모(위탁관리하는 기금자산 포함)가 1조 원 미만이고 정원이 300인 미만인 기관(2020년 말 기준)

자료: 기획재정부 (2021) 2021년도 공공기관 경영평가편람. p. 9.

　　2021년도 공기업·준정부기관은 평가 유형구분 기준에 따라 다음의 표와 같이 구분한다.

┃표 8┃ 공기업과 준정부기관

유형		기준
공기업	공기업 Ⅰ (10개)	인천국제공항공사, 한국가스공사, 한국공항공사, 한국도로공사, 한국석유공사, 한국수자원공사, 한국전력공사, 한국지역난방공사, 한국철도공사, 한국토지주택공사
	공기업 Ⅱ (26개)	강원랜드(주), 그랜드코리아레저(주), 대한석탄공사, 부산항만공사, 여수광양항만공사, 울산항만공사, 인천항만공사, 제주국제자유도시개발센터, 주식회사 에스알, 주택도시보증공사, ㈜한국가스기술공사, 한국광해광업공단, 한국남동발전(주), 한국남부발전(주), 한국동서발전(주), 한국마사회, 한국방송광고진흥공사, 한국부동산원, 한국서부발전(주), 한국수력원자력(주), 한국전력기술(주), 한국조폐공사, 한국중부발전(주), 한전KDN(주), 한전KPS(주), 해양환경공단
준정부 기관	기금 관리형 (12개)	공무원연금공단, 국민연금공단, 국민체육진흥공단, 근로복지공단, 기술보증기금, 사립학교교직원연금공단, 신용보증기금, 예금보험공사, 중소벤처기업진흥공단, 한국무역보험공사, 한국자산관리공사, 한국주택금융공사

준정부 기관	위탁 집행형 (45개)	건강보험심사평가원, 국가철도공단, 국립공원공단, 국립생태원, 국민건강보험 공단, 국토안전관리원, 대한무역투자진흥공사, 도로교통공단, 소상공인시 장진흥공단, 우체국금융개발원, 우체국물류지원단, 축산물품질평가원, 한국가스 안전공사, 한국고용정보원, 한국관광공사, 한국교통안전공단, 한국국제협력단, 한 국국토정보공사, 한국농수산식품유통공사, 한국농어촌공사, 한국방송통신전파진 흥원, 한국보훈복지의료공단, 한국사회보장정보원, 한국산림복지진흥원, 한국산업 기술진흥원, 한국산업기술평가관리원, 한국산업단지공단, 한국산업안전보건공단, 한국산업인력공단, 한국석유관리원, 한국소비자원, 한국승강기안전공단, 한국에 너지공단, 한국연구재단, 한국원자력환경공단, 한국인터넷진흥원, 한국장애인 고용공단, 한국장학재단, 한국전기안전공사, 한국전력거래소, 한국지능정보사회 진흥원, 한국청소년활동진흥원, 한국해양교통안전공단, 한국환경공단, 한국환경산 업기술원
	강소형 (37개)	국제방송교류재단, 국토교통과학기술진흥원, 농림수산식품교육문화정보원, 농 림식품기술기획평가원, 농업기술실용화재단, 독립기념관, 서민금융진흥원, 시청 자미디어재단, 연구개발특구진흥재단, 재단법인대한건설기계안전관리원, 정보 통신산업진흥원, 중소기업기술정보진흥원, 창업진흥원, 한국건강가정진흥원, 한 국건강증진개발원, 한국과학창의재단, 한국교육학술정보원, 한국기상산업기 술원, 한국노인인력개발원, 한국디자인진흥원, 한국보건복지인력개발원, 한국보 건산업진흥원, 한국보육진흥원, 한국소방산업기술원, 한국수목원정원관리원, 한국수산자원공단, 한국식품안전관리인증원, 한국언론진흥재단, 한국에너지기 술평가원, 한국우편사업진흥원, 한국임업진흥원, 한국재정정보원, 한국청소년 상담복지개발원, 한국콘텐츠진흥원, 한국특허전략개발원, 한국해양수산연수원, 해양수산과학기술진흥원

자료: 기획재정부 (2021) 2021년도 공공기관 경영평가편람. p. 10.

③ 경영평가단의 구성 및 운영방법

경영평가단은 경영평가 지표를 설정하고, 각 평가대상 기관으로부터 제출된 경영실적보고서를 검토하고 현장실사를 수행하며 차년도 경영평가편람작업에 참여하는 등의 역할을 수행한다. 따라서 성공적인 경영평가제도의 운용을 위해서는 경영평가위원의 평가 분야와 수행에 관한 전문성·객관성을 확보해야 한다.

기획재정부는「공운법」제48조 제6항 및 동법 시행령 제28조 제1항

에 따라 매년 모집 공고 등 별도의 선발 절차를 거쳐 대학교수, 공인
회계사, 해당 분야 전문가 등으로 경영평가단을 구성하여 경영평가를
위탁하고 있다. 현재 경영평가단은 매년 2~3월에 구성되어 3월 초에
평가단 위촉식 및 워크숍을 개최하고 6월 20일까지 기획재정부장관
과 주무기관 장에게 제출받은 경영실적보고서의 평가를 마쳐야 한다.
공기업·준정부기관이 매년 3월 20일까지 전년도 경영실적보고서를
제출하는 것을 감안하였을 때, 경영평가위원이 각 기관 사업의 세부
적인 사항을 검토하고,[13] 현장실사 및 관계자 면담 등을 통해 경영평
가 결과를 검증할 수 있는 시간은 약 3개월에 불과하다.

④ 평가부문 및 평가등급

공공기관의 경영실적의 평가지표는 공공기관의 경영실적을 체계적
이고 종합적으로 평가할 수 있도록 '경영관리' 범주와 '주요사업' 범
주로 구성된다. '경영관리' 범주의 주요 평가지표는 '경영전략 및 리
더십', '사회적 가치 구현', '업무효율', '조직·인사·재무관리', '보수
및 복리후생관리', '혁신과 소통'이다. '주요사업' 범주에서는 공공기
관의 주요사업별 계획·활동·성과 및 계량지표의 적정성을 종합적
으로 평가한다. 평가지표 구성은 다음의 [표 9]와 같다.

---

13 공공기관의 경영평가는 각 기관의 설립목적에 따른 사업을 평가하는 것으로, 경영전
략, 업무효율 등 공통지표 이외에는 각 기관의 업무 특성을 반영하는 고유사업 지표로
구성되어 있다.

표 9 2021년도 공공기관 평가지표 구성 및 가중치

범주	평가지표	공기업			위탁집행형, 강소형 준정부기관			기금관리형 준정부기관		
		계	비계량	계량	계	비계량	계량	계	비계량	계량
경영관리	1. 경영전략 및 리더십	6	6		6	6		6	6	
	전략기획		2			2			2	
	경영개선		2			2			2	
	리더십		2			2			2	
	2. 사회적 가치 구현	25	19	6	23	17	6	23	17	6
	일자리 창출	6	4	2	5	3	2	5	3	2
	균등한 기회와 사회통합	4	3	1	3	2	1	3	2	1
	안전 및 환경	5	5		5	5		5	5	
	상생·협력 및 지역발전	5	2	3	5	2	3	5	2	3
	윤리경영	5	5		5	5		5	5	
	3. 업무효율	5		5	-	-	-	-	-	-
	4. 조직·인사·재무관리	7	4	3	4	3	1	9	3	6
경영관리	조직·인사일반(삶의질제고)	2	2		2	2		2	2	
	재무예산 운영·성과(중장기 재무관리계획)	5	2	3	2	1	1	2	1	1
	기금운용관리 및 성과							5		5
	5. 보수 및 복리후생관리	8.5	5.5	3	8.5	5.5	3	8.5	5.5	3
	보수 및 복리후생	3.5	3.5		3.5	2.5		3.5	3.5	
	총인건비관리	3		3	3		3	3		3
	노사관계	2	2		2	2		2	2	
	6. 혁신과 소통	3.5	2	1.5	3.5	2	1.5	3.5	2	1.5
	혁신노력 및 성과	2	2		2	2		2	2	
	국민소통	1.5		1.5	1.5		1.5	1.5		1.5
주요사업	주요사업 계획·활동·성과를 종합평가	45	21	24	55	24	31	50	24	26
	합계	100	57.5	42.5	100	57.5	42.5	100	57.5	42.5

자료: 기획재정부 (2021) 2021년도 공공기관 경영평가편람. pp. 12-14. 재구성

평가지표의 경우 기관별 특성에 따른 평가를 실시하기 위하여 각 범주 내 지표별 가중치를 조정하여 설정이 가능하다. 공기업, 위탁집행형 준정부기관, 기금관리형 준정부기관의 평가지표별 가중치는 상이하게 설정되어 있다. 별도로 규정하지 않은 평가지표는 유형 내 기관에 공통으로 적용하며, 주요사업 범주의 평가지표는 기관별 사업 특성에 따르게 설정한다.

⑤ 평가방법

평가는 성과를 정성적으로 평가하는 '비계량 지표'와 정량적으로 평가하는 '계량 지표'로 구분하여 실시한다. '비계량 지표'는 평가위원의 정성적 평가로 점수가 결정되기 때문에 평가의 일관성을 확보하기 어려울 가능성이 높다. 따라서 비계량 지표는 각 지표별 세부평가 내용 전체를 대상으로 전반적인 운영실적과 전년대비 개선도를 고려하여 등급을 부여한다. 비계량지표는 C등급(보통)을 기준으로 5개 등급(A~E)으로 구분하고, 각각의 기본 등급보다 우수한 성과를 낸 경우 +점수를 부여하여 9등급으로 평가한다.

'계량 지표'는 개별지표의 특성에 따라 기관별 편람에서 별도로 정한 경우를 제외하고는 다음의 [표 10]과 같은 방법으로 평가한다

│ **표 10** 계량지표 평가방법

평가방법	개요
목표부여 **(편차)**	당해연도 실적과 최저목표와의 차이를 최고목표와 최저목표의 차이로 나누어 측정하되, 최고 · 최저목표는 5년간 표준편차를 활용하여 설정
목표부여	당해연도 실적과 최저목표와의 차이를 최고목표와 최저목표의 차이로 나누어 측정하되, 최고 · 최저목표는 기준치에 일정비율을 감안하여 설정

글로벌실적부여	글로벌 우수기업의 실적치, 세계적 수준 등과의 격차, 비중 등을 활용하여 최고목표와 최저목표를 설정하되, 목표부여(편차) 방법 등을 적용
중장기 목표부여	주무부처 중장기계획 또는 선진국 수준 등을 활용하여 최종 목표를 설정하되, 연도별 목표는 사업수행기간과 최종목표를 활용하여 단위목표를 산출하고 목표부여방법 등을 준용하여 설정
β분포	최상·최하·직전년도 실적치를 감안, 표준치와 표준편차를 구하고, 실적치가 표준치로부터 어떤 확률 범위 내에 있는지 평가
추세치	회귀분석을 활용, 표준치와 표준편차를 구하고, 실적치가 표준치로부터 어떤 확률 범위 내에 있는지 평가
목표 대 실적	편람에 목표수치를 제시하고 그 달성여부를 평가

자료: 기획재정부 (2021) 2021년도 공공기관 경영평가편람. pp. 38-39.

　　기관별로 별도의 편람을 정하는 경우는 주요사업 범주와 같이 기관의 특성을 반영해야 하는 때이다. 기관별로 다른 주요사업 범주의 계량지표는 기관별 특성에 따라 3-5개의 계량지표로 구성된다. 전년도에 확정된 평가편람을 기준으로 금년도 경영관리와 사업을 추진하고 외부경영환경이나 정부 정책의 변화에 따라서 매년 7월부터 10월 사이에 당해 연도의 계량평가지표를 일부 제한적으로 수정하는 절차를 진행하며, 연말에는 차년도의 경영평가편람을 확정하기 위하여 계량평가지표를 전반적으로 개선하는 평가지표 개선작업을 수행한다(라영재 2020: 69). 평가지표의 수정이나 개선 시에는 평가지표의 대표성, 산식의 적정성, 목표의 도전성을 기준으로 하여 과거 기관의 경영평가지표의 이력과 최근 실적의 추세를 참고하고 미래 예측치를 추정하여 산식의 적정성을 심의하고, 기관의 인력, 예산, 정책우선순위를 기준으로 평가지표의 가중치를 선정한다(라영재 2020: 69-70). 2015년 전까지는 계량평가지표 개선작업을 경영평가단에서 직접 수행하였으나 2015년도부터 2017년도까지는 경영평가단 소속의 지표설계단을 구성하여 지표개선 작업을 수행하였다. 2018년부터는 경영평가단 위원을 포함하여 조세재정연구원 공공기관연구센터 주관으로 별도의 계량지표 설계단을 구성하여 계량평가지표의 수정과 개선작업을 수행하고 있다(라영재 2020: 70).

각 지표별 평가점수는 지표별 평점에 지표별 가중치를 곱하여 산출하고, 비계량지표와 계량지표 평가점수를 합산하여 기관의 종합평가결과와 범주별 평가결과를 산출한다. 기관의 종합 평가결과에 따라 총 6등급으로 구분한다(표 11).

┃표 11┃ 평가 등급

등급	수준 정의
탁월(S)	모든 경영영역에서 체계적인 경영시스템을 갖추고 효과적인 경영활동이 이루어지고 있으며, 매우 높은 성과를 달성하고 있는 수준
우수(A)	대부분의 경영영역에서 체계적인 경영시스템을 갖추고 효과적인 경영활동이 이루어지고 있으며, 높은 성과를 달성하고 있는 수준
양호(B)	대부분의 경영영역에서 양호한 경영시스템을 갖추고 있고 양호한 성과를 달성하고 있는 수준
보통(C)	대부분의 경영영역에서 일반적인 경영시스템을 갖추고 있고 일반적인 경영활동이 이루어지고 있는 수준
미흡(D)	일부 경영영역에서 일반적인 경영시스템을 갖추고 있지만 성과는 다소 부족한 수준
아주미흡(E)	대부분의 경영영역에서 경영시스템이 체계적이지 못하고 경영활동이 효과적으로 이루어지지 않으며 개선 지향적 체계로의 변화 시도가 필요한 수준

자료: 기획재정부 (2021) 2021년도 공공기관 경영평가편람. p. 65.

⑥ 평가결과의 활용

기관의 경영실적 평가결과는 성과급 지급, 인사 조치, 예산 등에 반영된다. 우선, 임직원에게 인센티브 성과급이 차등지급된다. 기관은 「공기업·준정부기관 예산편성지침」에 따라 편성된 예산범위 내에서 경영평가 성과급을 지급한다. 임·직원의 성과급 지급률은 기관 경영실적 평가결과 등을 고려하여 공공기관운영위원회 심의·의결을 거쳐 기획재정부장관이 결정한다. 이때에 부채규모, 부채비율 등에 따라 재무 위험도가 높은 기관의 경우 재무예산운영, 성과 평가 결과에 따라 성과급 지급률을 하향 조정할 수 있다.

우수기관과 부진기관에 대한 조치가 이루어진다. 경영실적 평가결과 우수기관에 대해서는 기획재정부장관 표창 등을 시행할 수 있다. 반면, 경영실적 평가결과 부진기관(D·E등급을 받은 기관)은 기획재정부장관 또는 주무부처의 장에게 경영개선 계획을 제출해야 하며 차년도 경상경비 예산 편성 시 불이익을 받을 수 있다. 또한 경영실적 평가결과 부진기관의 기관장·상임이사에 대하여 기획재정부 장관은 공공기관운영위원회의 심의 및 의결을 거쳐 임명권자에게 해임을 건의할 수 있다.

경영실적보고서와 첨부서류를 제출하지 않은 경우나 거짓으로 작성 제출한 경우에는 공공기관운영위원회의 심의 의결을 거쳐 다음의 조치를 취하게 된다. 관련되는 지표의 하향 조정, 당초 결정된 경영평가 성과급에 대한 삭감 조치, 해당기관에 대한 주의경고 등의 조치를 취하거나 주무기관 장 또는 기관장에게 관련자에 대한 인사상의 조치를 요청한다.

한편, 사회적 기본책무를 위반한 경우나 사회에 공헌한 경우에 평가등급·성과급 지급률의 조정 조치가 취해진다. 채용비리, 양성평등 위반, 최저임금 미준수, 고용차별, 조세포탈, 회계부정, 재난사고, 불공정거래 행위 등 공공기관의 중대한 사회적 기본책무 위반 혹은 위법행위가 발생한 경우, 기관의 귀책사유와 책임의 정도를 고려하여 공공기관운영위원회의 심의 의결을 거쳐 평가등급·성과급 지급률을 하향조정할 수 있다. 반면, 국가경제에 기여, 공공복리 증진, 국가이미지 제고 등 공공기관이 상당한 수준의 사회공헌을 한 것으로 인정되는 경우 공헌 정도 및 기관 기여도 등을 고려하여 공공기관운영위원회의 심의 의결을 거쳐 평가등급·성과급 지급률을 상향조정할 수 있다. 다만, 이 경우에도 「공기업·준정부기관 예산편성지침」과 「공공기관 임원 보수지침」 상의 성과급 지급률 상한을 준수해야 한다.

이원희·라영재(2015)는 공공기관 경영평가제도가 현재 강력한 공공기관의 성과관리제도로 발전할 수 있었던 원인 중 하나로 평가결과에 따른 기관장 해임 권고와 공공기관 직원에 경영평가성과급 인센티브를 들어 설명하고 있다. 이처럼 경영실적 평가결과를 활용한 인센티브제는 성과관리제도의 유지 및 발전에 큰 영향을 미치는 요소 중의 하나이다.

3. 공공기관 성과관리방법

1) 경영전략과 경영평가의 연계

경영평가제도는 공공기관이 중장기적인 목표와 발전계획을 체계적이고 일관성 있게 실행하고 있는지를 점검하는 것이다. 따라서 공공기관의 목적과 전략목표를 사전에 정해진 기준에 따라 측정하고, 공공기관의 경영전략이 계획, 집행, 성과, 환류 등 모든 과정에서 체계적이고 일관성 있게 이행되었는지를 평가한다. 이러한 경영평가는 공공기관의 최고경영자와 구성원들에게 경영개선 동기를 부여하며, 경영전략과 경영목표를 명확하게 설정하게 한다.

2) 전략체계 구축과 KPI 선정

정부와 공공기관 등 공공부문에서는 성과관리의 도구로서 민간기업을 중심으로 발전해온 균형성과표(Balanced Scorecard: BSC)를 폭넓게 활용하고 있다. BSC는 Kaplan & Norton이 전통적인 재무지표 중심의 성과측정이 고도의 정보화 시대에 접어들면서 부적합하다는 인식하에, 일련의 기업체 컨설팅 경험을 기반으로 개발하여 제안한 것으로서 조직의 성과를 평가하기 위한 기법이다.

BSC는 조직이나 개인이 달성해야 할 목표를 기준으로 실제 달성한 성과를 측정하고, 평가한 성과정보를 피드백하는 성과관리 시스템이다. BSC의 가장 큰 특징은 조직의 성과를 재무 관점(financial perspective), 고객 관점(customer perspective), 내부 업무프로세스 관점(internal business process perspective), 학습 및 성장 관점(learning and growth perspective)의 4가지 범주로 구분하고 각각 핵심성과지표(Key Performance Indicator: KPI)를 설정한 후, 각 관점의 하위지표 간 인과관계를 파악하여 전략지도(Strategy Map)를 구성한다는 점이다. 우선, 재무, 고객, 내부 업무프로세스, 학습 및 성장이라는 4가지 관점에 대한 자세한 내용은 다음과 같다.

• 재무 관점(financial perspective): BSC의 다른 시각에서의 모든 측정지표를 망라하는 핵심지표이다. 재무관점에서의 성과지표들은 다른 관점과 관련된 성과지표들을 이용해서 실행한 전략이 향상된 결과를 낳는지를 알려 준다(Niven 2003: 45). 재무 관점에는 위험 평가나 비용편익분석 등이 요구된다.

- 고객 관점(customer perspective): 고객이 관심이 있는 재화와 서비스 제공과 관련된 시간, 질, 비용 등을 측정한다.
- 내부 업무프로세스 관점(internal business process perspective): 사업이 효율적으로 운영되고 고객의 욕구에 맞게 처리되고 있는지를 측정한다. 고객의 욕구를 충족시키는 것은 내부의 업무 처리 과정, 의사 결정과 활동으로 나타나게 된다.
- 학습 및 성장 관점(learning and growth perspective): 지속적으로 변화하는 조직의 환경 속에서 제품이나 서비스 및 조직 내의 업무 처리 과정은 지속해서 개선되어야 한다. 조직의 변화에 대한 '학습'은 단순한 교육이 아닌 원활한 의사 전달, 위기에서 신속한 대응 등을 요구한다.

BSC의 평가방법은 기존의 전략을 재무, 고객, 내부 업무프로세스, 학습 및 성장이라는 4가지 관점에서 분류하고, 각 전략목표를 달성하는 데 필요한 주요 성공요소를 정의하는 것에서부터 시작한다. 그리고 이들을 정량적 수치로 목표화하여 목표를 얼마나 달성했는지를 측정하는 KPI를 설정한다. KPI는 조직의 현재의 경영성과 뿐만 아니라 미래의 가치를 증대시키기 위하여 관리하고자 하는 중요한 지표들을 말한다. KPI는 조직이 목표를 달성하는 과정 속에서 현재의 위치를 알려줌으로써 목표 달성을 돕는 '나침반'과 같은 역할을 수행한다(김성수 2006: 1030).

KPI는 각각의 평가요소를 가장 잘 설명하는 소수의 핵심지표로서 해당 성과분야를 집중적으로 관리하는 데 유용한 도구이다. 그러나 실제 각 기관이 전략체계를 구축하는 과정에서 적정한 KPI의 도출에 어려움을 겪는다. 따라서 KPI를 개발할 때에는 다음과 같은 원칙을 준수해야 한다(Mark 1996; 박명섭 외 2004; 김은희 2010: 6; 최현선 2021: 71

재인용).

- 핵심성과지표는 적을수록 좋다.
- 사업의 핵심성공요인들과 연계되어야 한다.
- 설정된 관점 상에서 조직의 과거 · 현재 · 미래를 한눈에 바라볼 수 있는 지표이어야 한다.
- 이해 관계자들의 니즈를 기반으로 하여 개발되어야 한다.
- 최고 경영자의 의지로 시작하여 조직의 모든 구성원들에게 전파되어야 한다.
- 지표는 변경 가능해야 하고 환경과 전략이 변화함에 따라 재조정되어야 한다.
- 지표의 목표와 목적은 정확한 조사에 근거하여 설정되어야 한다.

KPI를 도출하는 전반적인 과정은 다음과 같다(그림 2).

- 기관의 당해 연도 전략과제를 도출하여 기관 전략체계도를 구축한다.
- 기관 전략과제를 해당 팀에 배분하여 팀별 전략과제와 세부 추진과제를 도출한다.
- 팀별로 KPI Pool을 구성하고 팀별 KPI를 확정한다.
- 확정된 KPI에 대한 정의와 측정 기준, 목표 수준 등을 담은 KPI 템플렛을 작성하여 목표설정과 평가에 사용한다.

그림 2   KPI 도출 과정

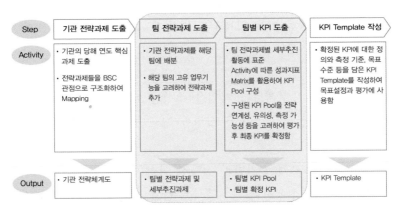

자료: 행정안전부 IBS (2012) 전략적 성과관리체계구축을 위한 진단 최종보고서. p. 55.

BSC는 조직 전략을 수립하고 실행하는 도구로, 전략과 성과지표 간 인과관계를 중시한다. 성과지표 간 인과관계는 조직운영의 기본방향을 제시하고 구성원들에게 조직 활동을 이해하여 조직성과를 극대화하도록 유도한다(Niven 2003). 즉 BSC는 조직 전체의 전략과 비전을 개별 조직구성원의 구체적 행동목표와 연계하여 전략적 사고가 가능토록 하기에 전략 수립과 실행에 있어 효과적인 것으로 평가된다(권순철 외 2017: 144). 따라서 기관은 KPI를 중심으로 전략수립, 자원관리, 평가 및 보상에 이르는 일련의 관리활동들이 유기적으로 연결되는 구조를 형성해야 한다.

3) PDCA 구조에 의한 실적관리

PDCA(Plan-Do-Check-Act) 사이클은 미국의 품질과학학자인 W. Edwards Deming이 제안한 프로젝트 혹은 업무처리 방식을 말한다.

PDCA 사이클은 말콤 볼드리지 모델이나 BSC와 같은 성과 모형과 결합하여 공공부문에서 조직의 성과를 측정하고 피드백을 통해 개선하는 접근법으로 활용된다. PDCA의 각 단계의 개념을 정리하면 다음과 같다(이인태 · 최진용 2016: 147-148; 최현선 2021: 74 재인용).

- Plan(계획): 프로젝트나 사업을 수행할 때 먼저 달성하고자 하는 목표를 설정하고 이를 실현할 수 있는 구체적인 계획을 수립한다.
- Do(집행): 프로세스 기반의 전략적 혁신을 실제적으로 프로세스에 적용하여 수행하는 단계로서 수립된 계획을 이행하는 과정에서 발생하는 변화가 있었는지를 파악하고, 문서화의 평가를 위한 자료를 체계적으로 수집한다.
- Check(평가): Do(집행) 단계에서 수행되는 프로세스 기반의 전략적 혁신과정을 모니터링하여, 혁신 과정이 Plan(계획) 단계에서 수립된 전략과 긴밀히 연계되어 수행되고 있는가를 평가하고 분석하여. 계획 단계에서 설정된 목표와 실행된 결과의 차이를 확인하고 실행 단계에서 수집된 자료에 대한 평가를 실시한다.
- Act(환류): Check(평가) 단계에서의 평가 및 분석을 통하여 혁신에 대한 표준화 또는 피드백을 도출하는데, 수행 결과가 성공적이라면 새로운 방법을 표준화하고 새로운 방법과 결과가 성공적이지 못하다면 계획을 수정하고, 프로세스를 재검토하여 수행이 어려울 경우 계획을 중단하거나 새로운 계획을 수립할 때 반영하는 활동 등을 수행한다.

우리나라 공공기관은 업무계획을 기획하고(Plan), 업무계획을 수행하며(Do), 그 운영성과를 평가하여(Check), 성과에 따라 차년도의 업무계획에 환류(Act)로 이어지는 일련의 연쇄적인 활동을 수행한다는 점에서 Plan-Do-Check-Act(이하 PDCA) 사이클에 의해 실적관리를 하고 있다고 볼 수 있다.

실제 공공기관 경영실적 평가에서 주요사업(비계량) 지표를 살펴보면 개별 사업 단위로 이루어진 계획(Plan), 집행(Do), 평가(Check), 환류(Act) 활동에 대한 평가로 이루어져 있다. 즉, PDCA 구조에 의해 ① 주요사업별 추진계획은 구체적이고 적정하게 수립되었는지, ② 주요사업별 추진계획이 적절하게 집행되었는지, ③ 주요사업별 성과는 적정한 수준인지, ④ 주요사업별 환류 활동은 적절하게 수행되었는지를 평가한다.

|표 12| 주요사업 성과관리 적정성(비계량)

지표정의	추진계획 수립 · 집행 · 성과 · 환류 및 사회적 가치 실현 등 주요사업의 전반적인 추진 성과를 평가한다.
세부평가내용	① 주요사업별 추진계획은 구체적이고 적정하게 수립되었는가?
	② 주요사업별 추진계획이 적절하게 집행되었는가?
	③ 주요사업별 성과는 적정한 수준인가?
	④ 주요사업별 환류 활동은 적절하게 수행되었는가?

자료: 기획재정부 (2021) 2021년도 공공기관 경영평가편람. p. 32.

세부평가내용 '① 주요사업별 추진계획은 구체적이고 적정하게 수립되었는가?'에서는 주요사업 선정의 적정성을 평가한다. 따라서 기관에서는 선정한 주요사업의 추진계획을 세우고, 주요사업이 기관의 중장기 미션 및 비전, 전략 방향과 적절히 연계되도록 노력을 기울여야 한다. 성과목표 및 성과지표, 실행과제 간의 연계성과 합리성을 담보하기 위해서는 각 주요사업의 평가대상 사업별 성과목표와 성과지표를 선정하고 이를 달성하기 위한 세부실행과제를 도출할 필요가 있다. 성과목표를 선정할 때에는 중장기 전략방향, 정부정책, 대내외 환경, 고객의 니즈 등을 고려하여 선정해야 한다. 그리고 성과지표를 선정할 때에는 SMART 분석 등을 활용하여 성과지표 선정의 타당성을 확보한다. 한편, SWOT 분석 등을 통해 기관의 전략방향과 이에 대한 추진전략을 설정하고 세부실행과제를 수립해야 한다. 그리고 자원배분 계획과 중장기 계획의 연계성을 강화할 필요가 있다. 경영평가 시에 평가위원들은 성과목표 및 성과지표의 적적성을 평가하기 위하여 '설정 근거'에 관심을 갖는다. 따라서 기관에서 경영실적 보고서를 작성할 때에는 개별 사업, 특히 계량지표와 관련된 각 사업의 영역의 선정과 관련된 방법, 기준, 절차와 기관의 설립목적 간 연계성에 중점을 두고 서술해야 한다.

세부평가내용 '② 주요사업별 추진계획이 적절하게 집행되었는가?'에서는 계획의 집행을 통한 성과를 평가한다. 따라서 기관은 구체적인 사업을 추진하기 위해 노력을 기울여야 하고 이를 통해 성과를 창출해야 한다. 경영평가 보고서를 작성할 때에는 기관이 어떻게 집행을 하였는지 구체적인 수치를 기반으로 전년도와 비교하여 제시하면 평가위원들이 이해하기가 쉽다. 또한 평가위원들이 공감할 수 있도록 다른 기관과는 차별화된 구체적인 성과와 기관만의 스토리를 제시하는 것이 필요하다(최은석 2017: 103).

세부평가내용 '③ 주요사업별 성과는 적정한 수준인가?'에서는 주요사업 추진의 성과를 평가한다. 기관은 주요사업을 추진하면서 추진계획에 명시한 중장기 경영목표와 당해연도 경영목표 달성에 어떠한 기여를 할 수 있는가를 고려해야 한다. 그리고 추진실적평가나 자체

평가를 통해 성과목표도를 얼마나 달성하였는지 측정하고, 한계점을 도출한다.

세부평가내용 '④ 주요사업별 환류 활동은 적절하게 수행되었는가?'에서는 평가결과를 '환류'하여 문제점을 개선하기 위한 구체적인 계획을 수립하였는지에 초점을 맞춘다. 따라서 기관은 환류를 통해 성과부분에서 제시한 성과분석의 결과에 따라 차년도에 어떤 조치를 취할 계획이 있는지를 제시해야 한다.

Deming(1992)은 "어떤 일이든 계획을 세우고 실행하면서 그 일이 잘 되었는지를 평가하고, 그 결과를 기초로 새로운 계획에 반영하거나 개선 활동을 통한 환류체계가 이루어지면 조직성과가 좋아진다"고 보았다(손은일 외 2012: 24). PDCA는 실행과정에서 목표가 제대로 달성되어가고 있는지 점검하여 문제가 있어 목표달성이 제대로 되지 않고 있으면 필요한 조치를 취해 애초에 계획했던 목표를 달성할 수 있으며, 다음 계획에는 이러한 내용을 반영하여 보다 나은 성과를 거둘 수 있게 한다. 공공기관이 PDCA 사이클에 따라 실적관리를 해야하는 이유가 바로 여기에 있다.

4) 이해관계자 관리와 소통 역량

성과관리 과정에서 빠질 수 없는 것이 이해관계자의 관리이다. 대내외 이해관계자의 관리의 목적은 기관의 비전, 핵심가치 및 전략, 사업에 대한 지지와 공감대를 확보하고, 이해관계자의 의사소통을 통해 그들의 의사를 환류하는 데 있다. 이해관계자가 기관의 전략 기획 과정에 참여하여 다양한 관점에서 지표의 생성과 측정이 가능하다. 특히 목표가 복수로 존재하거나, 불분명한 업무, 그리고 성과측정이 어려운 업무의 경우 다양한 이해관계자들의 입장을 취합하고 합의에 이르는 과정에서, 해당 조직이 추구하는 비전과 미션에 부합하는 목표를 채택하고 성과관리가 이루어질 수 있다(최신융 외 2014: 339).

따라서 이해관계자 분석은 조직과 조직의 이해관계자를 위한 결정 과정과 결과에 의한 관계에 중점을 두고 이뤄지며, 이를 통한 이해관계자 관리는 이해관계자를 식별하고, 우선순위를 매기며, 핵심 이해관계자를 이해하고, 그들과 소통하는 것을 의미한다(이광희 외 2015: 45). 일반적으로 이해관계자 분석은 이해관계자의 확인, 이해관계자의 니즈 파악, 이해관계자의 우선순위 결정의 순으로 이루어진다(박흥윤 2014: 161).

우선, 이해관계자가 누구인지를 확인해야 한다. 협의의 개념에서 이해관계자는 조직과 직접적인 경제적 관계를 맺고 있는 대상이며, 광의의 개념에서 이해관계자는 그 사회에 속해있는 모든 관계자를 의미한다(Sheehan et al. 2007). 일반적으로 공공기관의 이해관계자의 범주에는 임직원, 협력업체 및 파트너, 고객, NGO, 지역사회, 미디어, 정부, 유관기관 등이 포함된다. 공공기관의 전략적 기획은 이해관계자의 이익과 기대를 기반으로 한다. 그러나 이해관계자가 조직에 미치는 영향력과 중요성을 다를 수 있으므로 이해관계자의 유형별 특징을 구별할 필요가 있다(이광희 외 2015: 46). Smith(1994)는 권력[14]의 차원에서 공공조직에 영향을 미치는 이해관계자를 4가지로 분류하였다(박흥윤 2014: 156-157).

• 자원을 통제하는 이해관계자: 자원에 대해 직접적으로 권력을 행

---

14 여기서 권력은 조직의 의사결정에 영향을 미칠 수 있는 능력을 의미한다. Eden & Ackermann(1998)은 이해관계자를 조직의 전략적 미래에 책임이 있고, 협상하거나 변화시킬 수 있는 '권력'을 갖고 있는 사람이나 소규모 조직으로 규정하였으나, Bryson(2004)는 민주주의와 사회적 정당성의 측면에서 규범적으로 '권력'이 없는 사람이나 조직도 이해관계자로 중시되어야 한다고 보았다(김연금 · 이애안 2016: 30).

사하는 집단으로, 주로 계층적 관계로 권력을 행사하는 예산 관련 부처, 인력 조정 부처 등이 해당
- 정치적 영향력을 가진 이해관계자: 자원에 대해 간접적으로 권력을 행사하는 집단으로, 직접적인 권력을 가진 집단에 영향을 미쳐서 자신들의 이익을 추구. 주로 매스 미디어, 압력단체, 납세자, 유권자, 의회 의원 등이 해당
- 서비스 생산에 개입하는 이해관계자: 조직이 서비스를 생산할 때 의존해야 하는 집단으로 이들의 동의가 없이는 조직을 통제할 수 없음. 주로 직원집단, 공급자, 계약자, 협력자, 노조 등이 해당
- 환경에 영향을 가지는 이해관계자: 조직이 활동하는 환경에 영향을 미치는 집단으로, 직접적인 규제, 혹은 법규나 시장에 대한 영향력을 행사함. 주로 의회, 규제기관, 대안적 서비스를 생산할 수 있는 기업이나 집단, 교육 기관 등이 해당

둘째, 이해관계자의 니즈를 파악한다. 앞서 이해관계자가 누구인지 명확히 하였다면, 이 단계에서는 이해관계자의 니즈를 파악하고, 어떻게 니즈를 충족시켜줄 수 있는지를 확인하여야 한다. 이 단계에서는 이해관계자가 조직을 어떻게 생각하고, 조직으로부터 무엇을 기대하는지, 이해관계자 욕구에 대한 조직의 대응은 어떠하였는지 등을 파악하는 것이 필요하다.

셋째, 이해관계자의 우선순위를 파악한다. 한정된 자원으로 운영되는 공공기관은 모든 이해관계자를 동일하게 다루기보다는 선택과 집중에 의한 관리를 위해 이해관계자 욕구의 우선순위를 파악하는 것이 필요하다.

한편, 공공기관에는 이해관계자의 식별 및 우선순위를 파악하는 과정에서 이해관계자의 참여를 유도하고 그들과 소통하는 역량이 요구

된다. 최근 정책 과정에서 정부와 시민 간 소통과 관계성이 정책의 성패를 결정하는 중요한 잣대로 작용하면서, 정부와 시민의 쌍방향 대칭적 균형적 상호작용적 소통관리의 필요성이 대두되었다(이태준 2018: 192). 특히 공공기관이 최소한의 투입으로 최대한의 효과를 거두는 것뿐만 아니라 '사회적 가치'를 창출해야 한다는 패러다임의 전환 속에서 이해관계자들의 적극적인 참여와 이해관계자 간 의사소통의 중요성이 강조되고 있다.

즉, 공공기관은 이해관계자 분석 및 참여를 통해 누가 조직의 이해관계자이며, 이해관계자가 조직에 내리는 평가와 영향력은 어느 정도인지, 그리고 조직이 이해관계자에게 필요한 것은 무엇인지를 파악하여 전략적 기획을 수립해야 한다. 이러한 이해관계자 분석 과정에서 얻을 수 있는 정보는 조직의 임무, 전략적 이슈, SWOT 분석, 전략 개발의 기반이 된다(박흥윤 2014: 154).

사례를 통해 배우는 공공 기관 사회가치와 혁신

01 공공기관의 사회가치와 혁신창출의 방향성

1. 개요

우리나라 공공기관의 성과관리체계 개선을 논의하는 데 있어, "공공기관의 성과관리과정에서 공공성과 효율성의 균형을 어떻게 유지할 수 있는가?"는 여전히 명백한 해답을 도출하기 어려운 질문이라 할 수 있다. 공공기관의 공공성은 정부가 기관의 사업을 통해 제공하는 공공서비스의 공적가치에서 찾을 수 있는데(박순애 외 2017: 61), 이러한 '공적가치(혹은 공공가치)'를 실제 성과관리체계에서 어떠한 방식으로 규정할 것이며, 어떻게 객관적으로 관리, 측정, 평가할 것인가는 여전히 '난제'로 여겨지고 있다.

사실 공공기관의 사회적 책임, 윤리경영, 공정한 노사관계 등 공공가치에 관련된 성과창출실적은 2007년 「공운법」 제정과 함께 도입된 경영평가제도에서 이미 반영되어 왔다. 또한 시간이 지나면서 공공가치에 관련된 평가지표의 범위도 점점 확대되는 동향을 보였다. 그럼에도 불구하고 2010년대 중반까지 공공기관의 성과는 주로 수익성(특히 공기업), 방만경영 방지, 효율성과 생산성 등의 기준에서 측정·평가된 것도 사실이다. 물론 업무효율성이 낮거나 나태한 방만경영 등의 문제는 공공가치의 관점에서도 용납하기 어려운 문제점으로 당연히 평가과정에서 중요한 기준으로 설정되어야 한다. 그럼에도 불구하고 효율성이나 성과지상주의에 매몰될 경우 공적인 책임성이나 소외

된 사회집단에 대한 배려 등의 가치는 상대적으로 미미한 위상을 차지할 수밖에 없다.

2017년 문재인정부 출범 이후, 기존의 경영평가제도에 내포된 문제점을 인식하여 '사회적 가치'라는 평가지표가 신설되었다. 사회적 가치 개념이 경영평가에서 새로운 위상을 갖게 되면서, 기존의 공공성 관련 지표(사회책임, 환경 등)들을 통합할 뿐 아니라, 기관의 본업(주요사업) 추진과정에서도 사회적 가치의 창출역량과 성과를 포괄적으로 평가하게 되었다. 이와 함께, 4차산업혁명에 부응하는 공공기관의 혁신역량이나 탄소중립과 같은 글로벌 어젠다에 대한 기여도 등도 공공기관 성과관리(특히 성과평가과정에서)에서 그 중요성이 한층 부각되기 시작하였다.

이는 우리나라뿐 아니라 국제적 관점에서도 뚜렷하게 드러나는 경향이다. 1990~2000년대 이르러 비윤리적인 기업이나 환경피해를 가중하는 산업부문에서 고려해야 할 사회적 책임의 중요성이 강조되면서 공공, 민간기업 모두 사회적 책임과 윤리의식, 사회공동체적 기여도에 기준이나 공시 · 보고기준 등이 수립되고 다양한 기업 및 기관들이 이를 수용하고 있다. ESG 경영공시나 GRI 보고체계, ISO26000 국제표준 등이 대표적 사례라 할 수 있다. 그중에서도 기관의 전략과 성과평가대응과정에서 ESG 경영방식을 도입하고자 하는 기관들이 늘어나고 있고, 기획재정부도 공공기관의 ESG 공시의무를 확대(이후 상술)하고 있다.

현재 공공기관 경영평가에서는 사회적 가치와 혁신(특히 코로나19 팬데믹 이후 한국판 뉴딜목표를 위한 기관의 혁신성장 노력을 포함하여)에 관련된 평가기준이 강화되었고, ESG 경영 패러다임에 대해서도 상당수의 기관들이 실적보고서에 반영하는 등 전반적인 관심이 확대되는 추세이다. 그러나 공공기관의 사회적 가치와 혁신 등의 개념을 현실적인 성과관리에 연계하여 이론적으로 명확하게 이해하는 것은 사실 쉬운 일이 아니며, 전문 연구자들도 어려움을 느끼는 영역이라 할 수 있다. 따라서 본 저서에서는 실제 공공기관들의 사례를 통해 사회적 가치와 혁신, ESG 경영 등의 개념이 어떻게 구체적인 사업성과로 도출되고 있는지를 '실용적인' 관점에서 다루고자 한다. 이를 위해 2020년도에 각 기관의 도움을 받아 수집한 우수사례(Best Practice: BP) 중 일부를 사회적가치와 혁신, ESG 범주에 따라 분류하여 소개하고 주요 동향, 시사점 등을 간략하게 논의하고자 한다.

2. 사회적 가치, 혁신, ESG: 어떻게 대응할 것인가

본 편에서는 각 기관들의 사례를 통한 논의를 진행하기 전, 간략하게 공공기관에게 부여된 사회가치, 혁신창출의 의미와 이에 대한 평가방향을 논의하고자 한다. 추가로 본 사례편에서 아직 도입초기이지만 일부 기관들의 ESG 경영 실현사례들이 소개되므로, ESG 경영의 주요 개념요소를 검토하고자 한다.

1) 공공기관과 사회적 가치

① 성과창출 및 관리, 그리고 사회적 가치

글로벌 경쟁시대가 도래하면서 양극화, 불평등, 소외 등의 사회적 이슈도 함께 확산되기 시작하였다. 이러한 변화에 대한 위기의식과 함께, 포용적이고 지속가능한 사회를 갈망하는 움직임이 태동되었다. 사회적 가치, 공동체 가치, 공정성 등의 개념이 점차 부각되게 되었고, 점차 많은 사람들이 함께 살아가는 사회구성원이 무한경쟁의 대상만이 아닌 협력하고 상생해야 할 존재라는 사실을 인식하게 되었다. 포용과 연대, 형평성, 공정성, 지속가능성, 공공성 등의 가치요소들을 포괄하는 개념으로 '사회적 가치(social value)'의 개념이 등장하게 것이다(김현희 · 박광동 2018; 공공기관사회적가치협의체 2019).

2010년대 중반부터 우리 사회에서도 사회적 가치는 "공공의 이익과 공동체의 발전에 기여할 수 있는 가치(김태영 외 2019)"로 받아들여지고, 특히 공공부문의 관점에서는 '공공성'의 의미가 새롭게 부각되었고, 일반적인 사회구성원의 관점에서는 '공동체적인 포용가치'가 중요 개념요소로 강조되었다(최현선 2021).

그렇다면 대한민국 공공기관의 운영 및 관리과정에서 '사회적 가치'의 개념은 어떠한 위상을 갖게 되는가? 앞서 상술한대로, 공공기관의 효율성과 생산성, 경제성 등을 강조하는 신공공관리론(New Public Management)은 공공부문의 혁신패러다임으로 큰 영향을 미쳤다. 신공공관리론의 영향으로 각국 정부의 공공부문 조직들은 효율성을 높이고 생산성을 극대화하기 위하여 노력하였다. 그러나 2008년 글로벌 금융위기 이후 신공공관리론의 패러다임에 대한 문제인식이 확산되었고, 이는 공공기관의 관리에도 영향을 미치게 되었다. '공익성'을 추구해야할 공공기관이 지나치게 '효율성'을 추구하면서 나타나는 문제점들이 우리나라 공공행정 분야에서 논의되기 시작하였다.

이후 2017년 출범한 문재인정부는 강력하게 사회적 가치 개념을 우리나라 공공기관 전략체계 및 사업운영계획에 반영하도록 주문하였다. 특히 '사회적 가치'가 공공기관의 성과관리체계 안에서 공식적으로 중요한 위상을 점유하게 된 것은 2017년도 공공기관의 경영실적평가부터이며, 공공기관들의 사회적 가치 창출역량이 구체적으로 경영평가에 포함되었고 주요 내용은 아래와 같다(양동수 외 2019, 최현선 2021: 121 재인용).

- 공공기관의 경영평가는 크게 '경영관리 범주(공공기관의 일반적인 조직경영 수준과 성과 평가)'와 '주요 사업 범주(기관별 고유의 사업 성과 평가)'로 구분되는데 이 중 경영관리 항목에서 '사회적 가치 지표' 를 독립적으로 구성
- 사회적 가치 지표의 배점을 크게 확대(공기업: 경영관리 항목 55점 중 25점, 준정부기관: 55점 중 23점)
- 삶의 질 제고, 협력과 참여 등 사회적 가치 구현과 관련된 지표 신설
- 주요 사업 항목 중 사회적 가치 실현 사업 평가(공기업: 총 45점 중 10~15점, 준정부기관: 총 55점 중 30~35점)

2017년부터 사회적가치의 중요성은 매해 강조되었고 이는 가장 최근에 발표된 2021년도 기획재정부 경영실적평가 편람에서도 확인할 수 있다(표 13).

표 13 2021년도 공공기관 평가지표 편람 배점표 중 '사회적 가치 구현'

범주	평가지표	공기업	위탁집행형, 강소형 준정부기관	기금관리형 준정부기관
경영관리	1. 경영전략 및 리더십	6	6	6
	2. 사회적 가치 구현	25	23	23
	3. 업무효율	5	-	-
	4. 조직 · 인사 · 재무관리	7	4	9
	5. 보수 및 복리후생관리	8.5	8.5	8.5
	6. 혁신과 소통	3.5	3.5	3.5
주요사업	주요사업 계획 · 활동 · 성과를 종합평가	45	55	50
합계		100	100	100

경영관리 범주에 독립적으로 명시된 사회적 가치 구현 지표는 5개의 세부지표로 구성되어 있다. 이는 '일자리 창출', '균등한 기회 및 사회통합', '안전 및 환경', '상생협력 및 지역발전', '윤리경영' 지표이다. 또한 동일한 경영관리 범주에 속한 '국민소통' 지표에서도 기관의 사회적 가치에 대한 이해관계자 만족도가 평가되며, 기관의 혁신노력 및 대외적인 혁신성장 지원을 위한 평가지표(가점)에서도 사회적 가치와 연계된 상생, 일자리, 환경, 지역발전기여 등의 노력이 평가되고 있다. 무엇보다 기관의 고유임무인 '주요사업' 범주에서 기관이 주요사업을 실행하는 가운데 어떻게 사회적 가치 구성요소들을 사업실행 프로세스에 내재화하였는지, 해당 주요사업 성과 안에 사회적 가치에 관련된 성과는 무엇인지 등이 정성적으로 평가된다.

사실상 기관 성과평가 전반에 걸쳐 '사회적 가치'의 개념이 강조되고 있으며, 이는 기관의 자선사업이나 사회책임활동을 더 확대하는 것을 의미하지는 않는다. 공공기관 경영전반의 패러다임이 공공가치, 공공성을 토대로 재구성되고 국민에 대한 책임성을 강화해야 함을 의미하는 것이다. 결국 가시적이고 화제성 높은 사회기여활동을 무턱대고 늘리기보다 아래와 같은 착안사안에 유념하여 공공기관들이 사회적 가치 창출이라는 임무에 접근할 필요가 있다.

- 기관 고유 임무와의 연계성: 기관의 본업, 고유 자산, 고유 역량이 사회적 가치 창출과정에서 어떻게 고려되고 있는가? 기관의 고유임무와 과도하게 동떨어진 영역의 사업이 너무 많지는 않는가? 특정 사회적가치 사업이 기관의 고유 역량(자산, 인력, 기술 등)과 너무 거리가 멀어서 조직업무에 혼란이나 부담을 불러오지는 않는가?
- 자원배분의 합리성과 지속가능성: 기관이 올해 추진한 사업이 중

장기적인 관점에서 지속, 확대될 수 있는가? 해당 사업에 대한 중장기적인 목표와 관리방안이 준비되어 있는가? 지속적인 자원 투입이 어려워 '단발성' 이벤트로 끝나는 사업들이 양산되는 것은 아닌가?

- 이해관계자와 긴밀한 관계: 사업추진 과정에서 고객 및 주요 이해관계자들의 합의와 공감대 위에 사업이 기획, 추진되고 있는가? 아무리 좋은 취지의 사업이라도 기관의 핵심 이해관계자들의 공감대가 구축되지 않는다면 사업의 지속가능성이 담보되지 않는데, 이에 대한 기관의 노력은 무엇인가? 이해관계자들의 니즈와 현안을 진정성 있게 파악하기 위해 노력하고 있으며, 사업 추진과정에서 계속 활용될 수 있는 원활한 이해관계자 소통체계가 구축되어 있는가?

- 기관의 학습과 성장: 기관이 추진하려는 사업이 장기적 관점에서 기관의 성장에 어떠한 영향을 미치는가? 해당 사업을 추진하는 과정에서 기관이 얻는 유익(기관 역량의 성장, 조직경영의 개선 등)이나 조직원들의 성장에 미치는 영향을 측정할 도구가 마련되어 있는가?

위의 착안사항들은 상당 부분 앞서 설명한 BSC 성과관리모델의 4가지 관점(재무, 고객, 내부업무프로세스, 학습과 성장)과 연계성이 높다. 고유임무와 자원배분의 문제는 업무프로세스와 재무관점이 복합적으로 포함되어 있으며, 이해관계는 고객관점과 연계성이 높고 학습과 성장은 그대로 BSC 모델에서도 활용되고 있다. 다시 말해 사회적가치나 공공성 영역의 성과가 기관 고유 임무를 수행하는 과정에서 무조건적으로 창출되는 것도 아니고 공공기관의 '선한 의도'만으로 만족할만한 결과가 보장되는 것도 아니라는 것이다. 이 또한 치밀하게 구축된 성과관리체계 안에서 기관 고유의 전문적인 업무프로세스와 긴밀하게 통합되어 관리되어야 한다.

물론 위의 착안사항 외에도 고려되어야 할 내용(예: 이해관계자 간 이해 충돌이나 커뮤니케이션의 왜곡 위험, 정책 우선순위 결정의 어려움 등)이 적지 않지만, 최소한 기관의 '고유성, 자원배분, 이해관계자, 학습과 성장'에 관련하여 심각한 문제이슈가 발생하지 않는지 점검할 필요가 있다.

② 평가에 대한 논의

사회적 가치는 직관적으로 개념을 이해하기가 쉽지 않으며, 당연히 구체적이고 측량 가능한 방식으로 성과를 창출, 관리하는 것은 더욱 어려워질 수밖에 없다. 공공기관들의 일선 업무현장에서 혼란이 발생하는 것도 사실이며, 부담도 적지 않다. 특히 '사회적 가치' 개념이 공공기관에서 가장 중요하게 여기는 외부평가인 기획재정부 경영실적 평가 안에서 배점이 크게 강화되며, 기관들이 본업보다 사회적 가치 창출성과를 강조하면서 자원분배나 경영전략운영에서 왜곡이 발생한다는 지적이 있는 것도 사실이다. 언론을 통해 공공기관의 사회가치 평가과정에서 발생하는 문제점들은 이미 수차례 지적되고 있다.

---

1. 공공기관 경평, 지표 적정성 등 문제점 개선해야 (이데일리, 2021년 12월 28일)[15]
공공기관 경영평가는 올해 사상 초유의 등급 변경뿐 아니라 경영평가단 전문성 등 여러 문제점이 속속 드러나고 있다. 경평의 신뢰도를 높이기 위해서는 평가 오류의 재발 방지 대책 등 구체적 개선방안을 마련하고 사회적 가치 구현 등 주요 평가지표의 적정성을 개선해야 한다는 비판의 목소리가 커지고 있다.
국회예산정책처는 최근 발표한 '2020회계연도 공공기관 결산 중점 분석' 보고서를 통해 공공기

---

15 https://www.edaily.co.kr/news/read?newsId=01223446629150928&mediaCodeNo=257&OutLnkChk=Y (2021.12.28. 검색) 부분 삭제 편집

관 경평이 정부 정책 구현 방안으로서 역할이 미흡하며 주요 지표 설정의 적정성을 검토할 필요가 있다고 밝혔다.

그동안 공공기관 경평은 공기업·준정부기관의 세부지표와 가중치가 각 정부의 정책 방향에 따라 조정됐다. 2018년 이후에는 현 정부의 국정운영 철학인 사회적 가치, 공공성 중심으로 제도를 전면 개편했으며 일자리 창출, 윤리경영 등 사회적 가치 구현 관련 평가 배점이 이전보다 50% 이상 확대됐다. 예정처는 세부평가지표 중 장애인 고용 중심으로 사회적 가치 구현과 관련한 역할을 충실히 수행하는지 분석했다.

경평 결과에 따르면 한국토지주택공사(LH), 신용보증기금, 한국자산관리공사, 한국부동산원, 국립생태원은 2018~2020년 중 대부분 장애인 고용 의무 충족도를 만족해 각 해당연도 '장애인 의무고용' 평가 부문에서 만점을 받았다.

하지만 예정처는 이들 5개 기관이 같은 기간 장애인 의무 고용률을 달성하지 못해 총 27억 5900만원의 장애인 고용 부담금을 납부했다고 지적했다. 그럼에도 관련 경평에서 만점을 받은 이유는 측정 산식에 반영되는 6·12월 장애인 실제 고용률이 다른 달보다 월등히 높기 때문이라고 예정처는 분석했다. 경평을 실시하는 기간에만 장애인 고용률이 높아 실제 점수에 반영된 셈이다. 이에 경평 장애인 고용 부문 평가 지표로 기관의 월별 장애인 고용 부담금 납부 현황을 적극적으로 반영할 필요가 있다고 예정처는 지적했다…

2. 올해 공공기관 청년인턴 역대급 채용 예고…실제 효과는 '물음표' (Ceo score daily, 2021년 1월 18일)[16]

공공기관 체험형 인턴 채용 규모는 해마다 늘고 있다. 18일 공공기관 경영정보공개시스템(알리오)에 따르면 2019년 공공기관 360곳의 체험형 청년인턴 채용 인원은 2017년 1만440명에서 2018년 1만6169명, 2019년 1만6752명으로 2년새 크게 증가했다. 이는 2017년부터 정부의 공공부문 일자리 확대 정책이 본격 추진된 결과로 분석된다.

하지만 체험형 인턴 채용 규모가 커질수록 현행 인턴제도가 단순히 숫자 채우기 식으로 운영된다는 지적이 이어져 왔다. 공공기관은 매년 경영평가 사회적 가치 구현 세부지표를 통해 청년인턴 채용 실적을 평가받고 있다. 매년 더 많은 인원을 채용해야 경영평가에서도 좋은 점수를 얻을 수 있는 구조인 것이다.

특히 체험형 인턴제도의 실효성이 떨어진다고 호소하는 취업준비생들의 목소리가 이어지고 있다. 실제 취업 관련 온라인 커뮤니티에서도 "단순 업무보조에 불과해 자기소개서에 쓸 내용이 없다", "체험형 청년인턴과 아르바이트가 다를 게 없다" 등의 의견들을 쉽게 찾아볼 수 있다…

---

16 http://www.ceoscoredaily.com/page/view/2021011516592335181 (2021. 12. 28. 검색) 부분 삭제 편집

체험형 청년인턴 일자리가 이들의 사회 진출을 돕기 위한 본연의 역할을 다하려면 제도의 내실이 다져져야 한다는 지적이 이어지고 있다. 이에 일부 공공기관은 청년 인턴들의 직무 능력 향상을 지원하기 위한 방안 마련에 나서고 있다…

3. [사설] 공공기관 '사회적가치' 경영평가로 재무적 부실 덮나 (매일경제, 2020년 6월 22일)[17]

지난해 공공기관 부채는 역대 최대인 525조1000억원이었다. 전년 대비 21조4000억원 늘었다. 당기순이익은 6000억원으로 2012년 이후 최소 규모다. 실적이 최악이었다. 그런데 지난 19일 발표된 '2019년 공공기관 경영실적 평가 결과'에서 나타난 등급 배분은 전년도와 거의 달라진 게 없다. 전체 평가대상 129개 기관 중 상위에 해당하는 A(우수), B(양호) 등급은 오히려 1곳 더 늘어난 72곳이었다. 99%인 127개 기관이 성과급을 받는다고 한다.

실적은 나빠졌는데 성적표는 그대로인 것은 배점 기준이 달라졌기 때문이다. 기업경영에서 기본이 되는 재무평가는 10점에서 5점으로 준 반면 일자리 창출 등 '사회적 가치 구현'이 24점으로 최대 배점 항목이 됐다. 이익을 늘리는 것보다 몇 개월짜리 인턴 일자리를 늘려야 더 점수를 잘 받을 수 있는 구조다. 이러니 어느 공공기관이 사업에 전념하고 돈을 버는 데 신경 쓰겠나…

공공기관 경영에서 사회적 책임은 중시돼야 한다. 그러나 그 사회적 책임이라는 것이 정부 시책을 군말 없이 따르는 것을 의미한다면 문제가 있다. 원자력 사업이 본업인 한수원이 탈원전으로 높은 평가를 받는 것이 대표적이다. 또 하나 문제는 사회적 가치를 앞세워 방만 경영과 재무 부실을 못 본 척한다는 것이다…

평가방식에 관한 논의는 계속되고 있다. 다수의 경영평가 지표들 안에서 동일한 사회가치 성과들이 중복평가되고 있다는 문제들도 제기되고 있다. 규모, 업무형태가 극단적으로 상이한 기관들의 사회적 가치 실현성과가 획일적, 일률적으로 평가되고 있다는 문제점도 사회적가치 평가기준 도입 초기부터 계속 지적되고 있다.

예를 들어 '안전 및 환경' 분야의 사회적 가치 창출목표에 있어 기관마다 초점을 맞추어야 할 분야가 극명하게 달라질 수밖에 없으며

---

17 https://www.mk.co.kr/opinion/editorial/view/2020/06/635693/ (2021.12.28. 검색) 부분 삭제 편집

고유임무에서 이러한 영역들이 차지하는 비중이나 중요성이 매우 상이할 수밖에 없다. 일례로 건설이나 대형인프라 관리, 에너지시설 등 위험성 높은 현장업무가 많은 기관들과 문화지원, 복지, 연구사업 등에 관련된 기관들은 전혀 다른 관점에서 접근해야 하는 것이 사실이다. 그러나 사회적 가치 지표에서 평가기준은 상당히 일률적이다. 일자리, 동반성장도 마찬가지로 기관 별 특성에 따라 성과창출 역량이나 기관 업무와의 연계성 등의 관점에서 개별 편차가 너무 크다.

물론 인권, 안전, 환경, 동반성장, 일자리 등 현재 평가체계에서 제시된 모든 사회적 가치 구성요소들은 하나같이 중요한 가치요소이며, 공공기관의 입장에서 전반적으로 어느 정도 고려와 기여가 필요한 것은 사실이다. 또한 각자의 상황 안에서 창의적으로 우수사례(BP)를 창출하는 기관들도 많다. 그러나 현재의 표준화된 평가체계로 인해 다수의 기관들이 상당히 유사한 방향으로 사회가치 실현목표를 해석하고 실제 사업들을 추진하는 것도 현실의 문제라 할 수 있다.

게다가 매년 똑같은 방식으로 성과가 평가되는 상황이므로 상당수 기관들이 전년도와 다른(혹은 한층 업그레이드된) "새로운 아이템"을 찾아야 한다는 부담을 갖기도 한다. 다시 말해 '해당 연도에 평가위원들의 주목을 끌 수 있는 참신한 사업 아이템(BP)'을 찾는 데 몰두하여 화제성, 단발성 사업이 양산될 위험도 크다.

기관의 고유임무와 자원, 역량에 기반하여 중장기적으로 기관의 강점과 사회적 수요가 만나는 핵심 영역에서 집중적으로 사회적 가치 실현목표를 달성해야 실질적인 효과가 커질 수 있다. 현재 적극적으로 사회적 책임사업을 운영하는 세계적인 대기업들도 모든 분야에서 매해 동일한 수준으로 성과를 창출하는 것은 아니며, 기업의 성격과 역량에 맞는 '핵심 분야' 몇 가지에 집중하는 경우가 많다. 물론 공공기관들 중 규모가 크고 전국적으로 다양한 이해관계자들, 지역사회와 접점이 많은 기관들의 사업범위는 더 넓을 수 있겠지만, 극히 제한적인 업무영역을 가진 소규모 기관들의 경우 모든 범주에서 사회가치 성과를 매해 관리하는 데 어려움을 겪을 수 있다.

결론적으로 향후에는 경영평가의 사회적 가치 평가체계가 어느 정도 기관의 자율권을 반영할 수 있는 방향으로 개선되기를 제안한다. 물론 일률적 평가가 필요한 영역(인권침해방지나 반부패 등의 윤리영역, 기관 고유 업무상 안전관리 등)도 있다. 그러나 일부 영역들의 경우 기관이 자율적으로 사회가치 실현방향을 결정, 관리하고 (중장기적 관점에서) 평가과정에서는 '기관이 설정한 사회가치 실현방향이나 성과창출 방법이 적정한가?'를 더 중점적으로 평가하는 것도 하나의 유용한 개선방안이라 여겨진다.

2) 공공기관과 혁신창출

급변하는 시장 여건과 치열한 경쟁구도 안에서 고군분투하는 민간기업에게 혁신창출의 역량은 기업의 생존을 좌우하는 필수생존역량일 수 있다. 한편 민간보다 경쟁에 민감할 필요가 없고 시장에서 독점적 위상을 갖고 있는 공공기관들의 경우, 상대적으로 '혁신'이라는 개념에 둔감할 수밖에 없고 특유의 조직 안정성으로 인해 경직성, 방만경영, 폐쇄성과 같은 관료주의적 병리현상이 나타날 위험이 크다 (라영재 외 2018: 1). 이러한 이유로 1980년대부터 공공기관의 개혁이나 혁신 목표로 경쟁력 제고, 가시적 성과창출, 비용대비 효율성 제고 등의 목표(신공공관리론의 패러다임에 입각하여)가 자주 등장하기 시작하였다.

한편 과도한 성장주의 몰입의 부작용으로 민간뿐 아니라 공공기관마저 지나치게 경쟁력, 효율성 우선주의에 매몰되면서 사회공동체나

환경가치가 침해되는 현상이 나타났다. 이에 따라 21세기에 접어들면서 민간기업들도 '공유가치', '공정가치' 등의 사회적 책임성을 강조하는 혁신목표를 추구하기 시작하였고, 공공부문의 경우 한층 더 공공성, 투명성, 책임성 등의 사회적 가치 측면에서도 혁신이 필요하다는 견해가 확산되고 있다(라영재 외 2018: 24).

오늘날 공공기관의 혁신 지향점은 점차 사회와 함께 나누고 함께 성장하는 지속가능한 가치, 즉 사회적 가치의 관점과 교차되기 시작하였으며, 이러한 동향은 공공기관의 성과관리체계 안에서 가장 중요한 위상을 차지하고 있는 경영평가제도에도 명백하게 반영되고 있다.

공공기관의 혁신 관련 논의가 본격화되기 시작한 것은 2018년부터이다(기획재정부 2020). 2018년 기획재정부는 정부에서 발표한 '정부 혁신종합추진계획(관계부처 합동)'의 방향성을 공유하면서 공공기관의 특성을 반영한 '공공기관 혁신 가이드라인' 및 '공공기관 혁신성장 추진계획'을 발표하였다(라영재 외 2018: 64~65). 이후 기획재정부는 매년 정부 혁신 종합추진계획의 지향점에 따라 공공기관 혁신 가이드라인을 발표하고 있다. 공공기관 혁신 가이드라인은 국민이 체감할 수 있는 공공기관 혁신의 성과 창출을 위해 추진방향과 주요과제를 제시한다. 혁신 가이드라인에 따라 공공기관들은 자체적인 혁신계획을 수립하고, 경영실적평가를 통해 기관의 내부 경영혁신 노력부터 대외적인 혁신성장 지원노력까지 다양한 각도에서 혁신창출성과를 평가받게 된다.

경영평가체계 안에서 '혁신'이라는 키워드와 관련된 평가지표는 경영관리 범주에서 '혁신노력 및 성과'와 주요사업 범주에서 '혁신성장'이 있다. '혁신노력 및 성과'의 세부평가내용은 다음의 [표 14]와 같다.

표 14 공공기관 경영실적 평가 혁신 관련 평가지표 - 혁신노력 및 성과

평가지표		세부평가내용
혁신노력 및 성과	지표정의	혁신계획의 적정성, 기관장의 혁신리더십, 혁신추진체계 구축, 혁신 문화 조성 등을 위한 노력과 성과를 평가한다
	적용대상(배점)	공기업 및 준정부기관 : 비계량 1점
	세부평가내용	① 혁신 목표가 기관의 비전 · 전략체계와 잘 부합하고 혁신 전략과 과제가 혁신목표 달성에 기여할 수 있도록 구성되어 있는지 여부 ② 기관의 혁신을 촉발하기 위한 기관장의 노력과 성과 ③ 혁신추진조직 구축, 혁신활동에 대한 적절한 보상체계 마련, 구성원의 혁신역량강화를 위한 노력과 성과 ④ 대내외 혁신네트워크 구축, 혁신 아이디어나 우수과제를 구성원과 공유하고 활용할 수 있는 시스템 마련을 위한 노력과 성과
혁신노력 및 성과	지표정의	국민 등 대내외 이해관계자와의 소통 · 참여, 투명성 제고를 위한 노력과 성과를 평가한다.
	적용대상(배점)	공기업 및 준정부기관 : 비계량 1점
	세부평가내용	① 이해관계자 및 대국민 소통 채널을 제도적으로 구축 운영하기 위한 노력과 성과 * 다양한 매체를 활용한 정보 및 데이터 공유로 국민참여 기반 강화 ② 국민 참여와 소통이 기관의 운영에 실질적으로 반영되는지 여부 등 소통의 성과와 환류를 위한 노력과 성과 * 국민제안, 아이디어 등을 활용한 현장중심의 대국민 서비스 혁신 등 ③ 대국민 정보공개 확대 등 투명성 제고를 위한 노력과 성과 * 공공기관 운영 웹사이트 및 대국민 홍보 콘텐츠의 운영점검 (예: 웹사이트 독도 동해표기 오류 점검 등) * 경영공시 우수공시기관 등 지정 * 정보공개 종합평가 결과(행안부) ④ 규제혁신(포괄적 네거티브 규제 등) 및 적극행정 등을 통한 공공서비스 혁신 노력과 성과

자료: 기획재정부 (2021) 2021년도 공공기관 경영평가편람, p. 29.

주요사업 범주에서는 기관별 혁신성장을 위한 노력과 성과를 평가하여 우수기관에 대해 가점을 부여한다. 혁신성장 가점을 위한 평가방법은 평가 지표별 세부평가내용에 따르며 자세한 내용은 다음의 [표 15]와 같다.

표 15 **공공기관 경영실적 평가 혁신 관련 평가지표 - 혁신성장**

평가 지표		세부평가내용
혁신 성장	지표정의	혁신성장 수요 창출, 혁신 기술 융합, 혁신성장 인프라 구축, 혁신지향 공공조달 등을 위한 노력과 성과를 평가한다.
	적용대상 (배점)	공기업 : 2점, 준정부기관 : 1점
	세부평가 내용	① 혁신성장 수요 창출을 위한 노력과 성과 (예시) * 8대 선도사업 등에 대한 투자 확대, 혁신기술·제품 구매, 우수 소프트웨어(우수조달제품 등) 구매 실적, 혁신성장산업에 대한 자금지원 노력 등 ** 신성장 동력 확충 등을 위한 새로운 비즈니스 모델 창출 등 ② 공공서비스·혁신기술 융합 활성화를 위한 노력과 성과 (예시) * 혁신기술 융합을 통한 대국민서비스 질 제고 및 공공기관 생산성·업무효율 향상(혁신기술: IoT 기술, 드론, 센싱기술, 인공지능, 빅데이터, 클라우드 컴퓨팅, 블 록체인 등) ③ 데이터 경제 활성화를 위한 노력과 성과 (예시) * 기관이 보유한 데이터의 공유·개방 및 품질관리기관 보유 데이터를 활용한 민간 사업 기회 제공 등 * 공공데이터 제공 운영실태 평가결과(행안부) ④ 혁신성장 인프라 확대 및 민간기업 지원을 위한 노력과 성과 (예시) * 인력양성, 소재·부품·장비 및 신산업분야 R&D 활성화 및 사업화, 테스트 베드 제공, 마케팅·해외진출 지원, 자금지원 등 스타트업 지원, 사내벤처 운영 등 공공기관의 자원·역량을 활용한 혁신성장 인프라 구축 ⑤ 혁신지향 공공조달을 위한 노력과 성과 (예시) * 혁신기술·제품 구매(시제품 구매), 우수 소프트웨어(우수조달제품 등) 구매 실적, 혁신조달플랫폼에 도전적 수요제시, 혁신시제품 시범구매사업 테스트기관 참 여, 단계적 협의에 의한 과업 확정 등

자료: 기획재정부 (2021) 2021년도 공공기관 경영평가편람, p. 33.

　　공공기관의 혁신 관련 평가지표들은 내부 조직운영의 효율성 개선부터 국가적 목표 및 과제에 대한 기여도, 민간경제 및 기술성장에 대한 기여도 등을 포괄적으로 포함하고 있다. 특히 4차산업혁명, 팬데믹 위기극복을 위한 뉴딜과 같이 변화하는 시대적 요구에 부응하고 사회와 함께 나눌 수 있는 혁신성과들이 중점적으로 평가되고 있는 상황이다.

물론 이러한 평가가 가장 최적의 상태로 공공기관의 혁신역량을 창출하고 있다고 단언할 수는 없다. 실제 경영평가제도 개선을 위한 논의에서 '혁신 관련 평가지표'의 과도한 중복성에 대한 문제점들도 종종 지적되고 있으며, 이에 대한 간소화가 논의 중에 있다.

가장 큰 문제점은 혁신의 근본적 문제인 '사회의 수용성'에 대한 논의라 할 수 있다. 한 기관이 벤처 지원 사업을 통해 혁신제품이나 기술을 발굴하는 데 기여하였다 하더라도 이는 어디까지나 '시도'의 차원이며, 진정한 혁신은 새로운 시도가 사회로 확산되고 수용되는 과정에 방점을 두어야 한다.

한편 매년 평가에 대응하는 기관의 입장에서 장기적인 확산과 수용까지 염두에 둔 성과를 창출하는 것은 쉽지 않고, 오랜 고민과 연구 안에서 만들어낸 독창적 성과만으로 매해 우수사례를 채우는 것도 거의 불가능한 목표라 할 수 있다. 결국 실제 기관들의 혁신성과보고를 검토하면 기관의 필요나 본업과 다소 거리가 있더라도 '유행하는 사업 아이템(드론 양성, 빅데이터 구축 등)'을 대동소이하게 제시하거나, 중장기 계획이 부재한 단발성 이벤트 사업(리빙랩 등의 참여형 혁신사업 등)이거나 사업의 성과보다는 투입과정(○○지역 대학과 MOU 체결, 청년벤처 지원 등 주로 지원사업)에 치중하고 성과를 알기는 어려운 경우도 종종 발견된다. 모든 사업아이템은 자신만의 가치가 있다. 기관의 필요에 따라 얼마든지 시민들과 리빙랩을 운영할 수도 있으며, 청년벤처를 지원하고 드론사업을 확대할 수도 있다. 그러나 '이러한 선택이 진정 기관의 혁신목표(중장기적인) 안에서 체계적으로 운영되며 지속가능한 혁신성과를 창출할 수 있는지', '기관의 혁신사업이 진정 사회 안에서 확산, 수용될 수 있는지' 등의 질문을 던지며 사업을 추진할 필요가 있다. 또한 체계적으로 계획하고 모니터링하며 결과와 기대효과 달성도까지 명확하게 피드백해야 한다. 다시 말해 혁신 사업 또한 체계적인 PDCA 사이클에 입각하여 관리할 필요가 있다.

3) 공공기관과 ESG

우리나라 공공기관들도 점차 기관 성과관리체계 안에서 ESG(Environment, Social, Governance: 환경, 사회, 지배구조)경영의 중요성을 인식하고 있다. ESG 경영의 개념 중 상당부분은 사회적 가치와 일맥상통하는 영역이 많으며, 기관들도 상당수 사회적 가치 실현을 위한 조직체계와 자원들을 활용하여 ESG 경영체계 도입을 준비, 실험하고 있는 상황이다.

① ESG 경영이란

ESG 경영은 기업의 '지속가능한 조직경영을 위한 혁신 방향'[18]으로 이해할 수 있다. 현재 우리나라에서도 기업뿐 아니라 공공부문 조직들도 ESG 경영에 큰 관심을 보이고 있다.

일반적으로 투자자들이 투자대상 기업을 결정하는 데 있어 기업의 재무상태는 가장 중요하게 고려되는 요소이다. 그러나 환경피해, 노동자인권, 부정부패 등 비재무적 요소에 연관된 기업리스크가 커지면서 기업의 환경, 사회, 지배구조가 재무적 정보만큼 중요성을 갖게 된 것이다. ESG는 "회계, 재무적 숫자는 한 곳에 모을 수 있는 기준과 조직이 있는데, 비재무적인 환경·사회·거버넌스(지배구조 또는 의사결정구조)에 해당하는 숫자가 아닌 경영활동 및 관련 지표는 어떤 기준으로 어떻게 모아서 관리하고 공시하며 커뮤니케이션에 활용할 것인가?"라는 질문에서 비롯되었다(딜로이트 2020: 27).

---

18 SKhynix newsroon, https://news.skhynix.co.kr/2387 (2021.05.21. 검색)

단, ESG 경영은 단순한 기업의 사회기여활동이나 SRI(Social Responsible Investment), 임팩트 투자와 같은 사회책임투자와는 개념적으로 적지 않은 차이점이 있다. 기업들이 ESG 경영이나 CSR을 위해 실제 추진하는 사업내용에서는 상당한 유사성이 있으나, ESG의 경우 환경, 사회, 지배구조의 차이에 따라 달라질 수 있는 '경제적 가치(금융 수익률)'가 가장 중요하다는 점에서, 투자자와 기업 모두에게 매력적인 투자기준으로 부상하였다(강봉주 2020: 3). CSR의 경우, 사회책임 사업이 가져다 줄 수 있는 경제적 유익(수익률 상승)에 직접적으로 주목하기보다 CSR 활동을 추진하는 가운데 향상될 수 있는 기업의 평판 및 이해관계자 영향을 통해 간접적으로 수익률에 영향을 미칠 수 있다는 '인과관계'에 주목하는 경우가 빈번하다. 그러나 ESG는 개념적으로 '투자자의 안전투자와 기업리스크 관리'가 중요한 목표이므로 당연히 '경제적 가치'의 중요성이 매우 커진다.

② ESG 경영 패러다임의 공공기관 적용

사실 민간 기업에게 투자자의 투자결정기준은 매우 중요한 관점이지만, 명확하게 '투자자'의 관점을 규정하기 어렵고 경제적 수익창출이 최우선순위가 아닌 공공조직의 경우는 조금 상황이 다르다. 소수의 대형 공기업을 제외하고 대부분의 재정을 정부지원에 의지하는 준정부기관 등은 민간 시장의 '투자자 관점' 개념을 그대로 공공기관 성과관리체계에 적용하기 어려운 측면이 있다. 그러나 정부의 재정은 결국 국민의 세금을 기반으로 이루어지며, 국민이야말로 가장 중요한 투자자라는 관점에서 공공기관에 적합한 ESG 경영기준을 도입하자는 논의가 점차 확대되고 있는 추세이다(최현선 2021). 일단 명확한 '투자자' 개념이 적용되지 않는 공공조직들은 기관의 주요 이해관계자와 국민사회의 관점을 고려하여 ESG 경영계획을 수립해야 할 필요가 있고, 무엇보다 빠른 시일 내에 공공부문에 정부 차원의 공신력을 갖춘

'특화'된 ESG 평가체계가 개발되어야 할 것이다(최현선 2021).

일반적으로 ESG 경영체계를 평가하는 기준으로 아래와 같은 요소들이 제시되고 있다(류정선 2020: 3).

- 환경(E): 기후변화 및 탄소배출 저감 이슈, 대기 및 수질오염 등 환경오염 문제, 환경친화적 청정기술, 생물다양성과 산림벌채 등 자연보호 이슈, 에너지 효율성 이슈, 폐기물 관리, 물 부족 문제 등
- 사회(S): 고객 및 이해관계자 만족과 신뢰, 개인정보와 프라이버시 보호 이슈, 젠더 및 사회적 다양성(소수집단 차별문제) 이슈, 상향식 조직원 참여, 인권과 노동권 보호, 지역사회와의 상생관계 등
- 지배구조(G): 기업(기관) 이사회 구성, 감사위원회 구성, 부패와 청렴 문제, 임원 보상수준 등 방만경영 문제, 로비와 정치기부금 관리, 내부고발자 제도 등 윤리경영제도 등

위의 ESG 평가요소들은 사실 우리나라 공공기관에서 강조하는 사회적 가치 실현목표 및 GRI(Global Reporting Initiative) 보고체계의 구성요소들과 상당히 유사하다(그림 3). 그러나 이러한 요소들(환경오염저감, 반부패, 인권과 노동기회 존중 노력 등)을 공공기관의 중장기전략 및 성과관리체계(특히 내부평가 및 경영평가에서)에 도입하여 ESG 경영체계를 구체적으로 내재화하는 것은 사실 상당히 도전적인 과제라 할 수 있다. 특히 공공기관을 위한 ESG 평가요소와 평가체계도 명확하지 않은 상태에서 개별 기관들이 ESG 전담조직 구성, 부서 간 업무배분, 전략 및 실행과제 도출 등 실무적 변화를 추진하는 것은 더욱 쉽지 않은 도전이다. 다만 2017년부터 '사회적 가치'의 내재화를 위해 기관의 전략체계, 조직구조, 내부평가방법 등을 대대적으로 재정비한 경험이 있는 공공기관들은 ESG 체제로의 전환기에 기존의 사회적 가치 인프라를 ESG 기준에

재구성하여 활용하는 것이 가장 효율적인 방법이라 할 수 있다(최현선 2021). 또한 공공기관이 GRI 지속가능경영보고나 국제 사회적책임 표준인 ISO 26000 인증 등의 경험이 있다면, 이러한 경험과 인적자원을 토대로 ESG 경영계획 수립에 활용하는 것이 적절하다(최현선 2021). 실제로 ESG에서 강조하는 비재무적 요소의 활용·평가의 기준은 GRI의 보고체계를 토대로 구축되었다(딜로이트 2020: 27; 최현선 2021 재인용).

그림 3   딜로이트의 ESG와 GRI 지표 연계분석

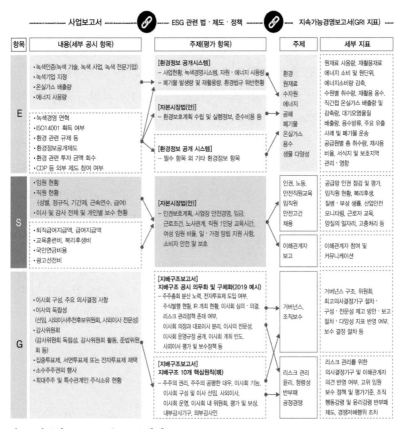

자료: 이준희. 2018. p. 61 도표 발췌.

③ 최근 ESG 도입 확대 동향

근래에 발생한 공공기관에 관련된 부정적 이슈들(LH 사태를 비롯한 비리, 부패, 안전사고 등)로 인해 공공기관 경영방식 및 사회적 책임성에 대한 국민인식이 크게 저하되었다. 이에 대한 대응책 중 하나로, 기획재정부는 2021년 3월 4일, 공공기관 경영정보 공개시스템(alio)을 통한 경영공시항목에 ESG 관련 항목(① 안전 및 환경, ② 사회공헌활동, ③ 상생협력, ④ 일가정양립 등)을 대폭 신설·보완할 것을 발표하였다.[19] 이는 공공기관 경영 및 성과관리체계 안에 ESG의 개념이 정식으로 도입되기 시작하였다는 신호탄이라 할 수 있다.

공공기관의 사회적 책임성 강화 목적뿐 아니라 범지구적인 위기상황도 ESG의 중요성을 부각하고 있다. 특히 코로나19 위기극복을 위한 국가경기부양정책인 한국판 뉴딜(디지털, 그린뉴딜)이 ESG 구조와 융합되는 동향이 나타나고 있다(최현선 2021). 이는 우리나라에서만 나타나는 동향이 아니다. 코로나19 위기에서 세계적으로 ESG 등급이 높았던 펀드의 하락폭이 상대적으로 적었다는 사실도 조사된 바 있다(딜로이트 2020: 29). 큰 위기상황에서 기업이나 공공조직의 역량·가치 평가에서 기후환경위기, 안전, 부패 등의 리스크를 관리하는 역량이 더욱 중요해질 수밖에 없다. 4차산업혁명과 같은 대전환 시대, 팬데믹과 같은 위기의 시대에는 환경산업 혁신역량, 급변하는 사회적 니즈와 문제이슈에 공감하는 역량, 기존 가치사슬이나 물류체계 위기를 관리할 수 있는 유연한 거버넌스 운영역량 등이 강조될 필요가 있다.

---

19 경제정보센터, https://eiec.kdi.re.kr/policy/materialView.do?num=211321&topic=. (2021.05.21. 검색)

02 우수사례 검토

1. 공공기관 우수사례 분석의 필요성

공공기관의 경영실적평가에서 사회적가치 구현에 관한 배점이 강화되면서, 각 공공기관은 고유의 임무를 기반으로 사회적가치 실현을 위한 다양한 사업들을 추진하고 있다. 이 중 창의적인 우수사례(Best Practice: BP)를 창출하는 기관도 많지만, 다수의 기관들이 유사한 사업들을 추진하는 경우도 적지 않다. 특히 규모가 크거나 다양한 업무를 수행하는 기관의 경우 사업의 범위가 넓을 수 있으나, 소규모의 제한적인 이해관계자와 접점을 갖는 기관의 경우 사회적가치를 창출하는 사업을 추진하는데 어려움을 겪는다. 따라서 매년 공공기관의 BP 발굴, 공유, 그리고 확산을 위한 경진대회나 포럼이 개최되고 있다.

이 책에서는 2020년도에 각 준정부기관의 도움을 받아 수집한 사례 중 다음과 같은 기준을 근거로 공공기관의 사회적가치 실현 우수사례를 선별하여 소개하고자 한다.

첫째, 우리나라 공공부문에서 보편적으로 강조하는 사회적 가치의 기본 요소인 '공공성', '공익성', '공동체성'에 부합하는 사례를 선별하였다. 공공성은 공공부문에게 부여된 본연의 임무이자 이를 수행하는데 지켜야 할 원칙을 의미한다. 공익성은 정부가 추구해야 하는 기본적인 목표이자 가치이다(김태영 외 2017: 72). 공적부문에서 '효용성의 극대화' 관점에 치우쳐 단기적 이익과 성과달성에 치중하게 되면 과대한 경쟁에 시달리게 되어 부처 이기주의에 빠지기 쉽다. 공동체성은 공동체의 결속을 유지하기 위한 사회적 형평성을 의미하며, 이는 사회통합(social cohesion)과도 매우 밀접한 가치요소이다. 또한 다양한 유형의 사회조직들(민간기업, 정부조직, 비영리단체 등)이 추진하는 계획, 서비스, 사업성과 등이 동일한 공동체 안에서 살아가는 다른 집단들의 가치를 어떻게 창조하거나 파괴하는지에 대해 '책임성'을 의미하기도 한다(강정석 외 2019: 34). 공공성, 공익성, 공동체성의 요소를 종합하면, 결국 공공부문이 추구하는 사회적 가치의 방향성은 공공조직이 본연의 임무와 원칙에 충실하고, 국민 전체의 행복을 추구하며 배려와 책임 있는 공동체 중심 정책을 실현하는 데서 찾을 수 있다(최현선 2021: 89).

둘째, 사회적 가치의 의미가 기관의 본업과 연계되어 있으며, 경영전략에 적정하게 융합되어있는지를 고려하였다. 매년 평가에 대응하는 기관의 입장에서 사회적 가치를 구체적이고 측량 가능한 방식으로 성과를 창출할 수 있는 사업을 추진하는 것이 쉬운 일이 아니다. 경영실적평가에서 사회적가치 관련 배점이 강화되며, 공공기관의 일선 현장에서 기관들이 본업보다 사회적 가치 창출을 위한 활동에 집중하는 폐해가 나타나기도 한다. 그러나 공공기관이 존재하는 가장 큰 이유는 이유는 각 공공기관의 업무특성과 목적에 맞는 업무수행 여부에 있다. 기관의 고유업무에 기반하여 사회적인 수요가 있는 영역에서 사업을 실시할 때 사회적 가치 실현의 실직적인 효과가 나타날 수 있기에 이러한 사례를 선별하였다.

셋째, PDCA 사이클에 입각하여 명백한 성과가 나타났는지를 고려하였다. 구체적이고 측량 가능한 방식으로 사회적 가치의 성과를 창출하는 것은 쉽지 않다. 그러나 앞장에서 서술한 바와 같이 체계적인 성과관리체계 안에서 기관 고유의 업무와 긴밀하게 통합되어야 성과를 창출할 수 있다. 따라서 이 책에서는 PDCA 사이클에 따라 계획하고 모니터링하며 결과와 기대효과를 피드백하여 성과를 나타내고 있는 사례들을 선별하였다.

2. 공공기관 사회적 가치 실현사례

1) 개요

이 책에서는 경영관리 범주에 독립적으로 명시된 사회적 가치 구현 지표인 '일자리 창출', '균등한 기회 및 사회통합', '안전 및 환경', '상생·협력 및 지역발전', '윤리경영', 그리고 기관의 고유임무인 '주요사업' 범주에서 기관이 주요사업을 실행하는 가운데 사회적 가치 구성요소들을 사업실행 프로세스에 내재화한 사례를 선별하여 소개한다. 각 지표의 정의는 다음과 같다.

표 16 경영관리 범주의 사회적 가치 구현 평가지표의 정의

평가지표	지표정의
일자리 창출	비정규직의 정규직 전환 실적, 청년 미취업자 실적을 평가한다. 일자리 창출(민간부문의 일자리 창출 포함)과 고용의 질 개선을 위한 노력과 성과를 평가한다.
균등한 기회 및 사회통합	사회적 약자에 대한 고용과 보호 등 사회통합 노력과 성과를 평가한다. 사회형평적 인력 활용과 균등한 기회보장을 위한 노력과 성과를 평가한다.
안전 및 환경	(환경보전) 환경보전 및 환경의 지속가능성을 위한 노력과 성과를 평가한다. (재난 및 안전관리) 재난 사고로부터 안전한 근로 생활환경을 유지하기 위한 노력과 성과를 평가한다.

상생 · 협력 및 지역발전	지역경제 활성화와 중소기업 사회적 경제 기업과의 상생 · 협력을 위한 실적을 평가한다. 지역사회발전 및 지역경제 활성화와 중소기업 · 소상공인 등과의 상생 · 협력을 위한 노력과 성과를 평가한다.
윤리경영	경영활동시 경제적 · 법적 책임과 더불어 사회적 통념으로 기대되는 윤리적 책임을 준수하려는 노력과 성과를 평가한다.

자료: 기획재정부 (2021) 2021년도 공공기관 경영평가편람. pp. 17-22에서 지표 정의 부분만 발췌.

이하에서는 '일자리 창출', '균등한 기회 및 사회통합', '안전 및 환경', '상생협력 및 지역발전', '윤리경영', 그리고 기관의 고유임무인 '주요사업' 범주에서 기관이 사회적 가치를 내재화한 우수사례를 소개한다.

2) 일자리 창출

① 건강보험심사평가원: 노숙인을 위한 도시농업모델, "도시농부 아카데미 하우스"

■ 개요

건강보험심사평가원은 지역사회 문제 해결과 취약계층 지원이 가능한 일자리 창출을 위하여 '도시농부 아카데미 하우스 사업'을 추진하였다. 평가원이 위치한 강원도 원주시에서는 노숙인 급증으로 노숙인과 주민과의 갈등 발생하였으나, 예산 부족, 주민등록 말소, 시설입소 거부 등의 요인으로 노숙인 관리 어려움을 겪고 있었다. 게다가 노숙인들은 사회로의 재진입을 위한 적합한 일자리를 요구하는 상황이었다. 이에, 평가원은 기술 · 경력과 무관하게 사회로의 진입 용이한 스마트농장(IOT 기술)을 기반으로 노숙인들의 스타트업에 적합한

'도시농부 아카데미 하우스 사업'을 시작하였다.

- ■ 추진 계획 및 내용

건강보험심사평가원은 지역공동체와 협업을 통해 노숙인의 보호, 복지, 일자리 마련 등 자활프로그램을 통해 건강한 사회 구성원 복귀를 목표로 추진하였다. 이에 따라 1년차(2018년)에는 운영협의회를 구성하고, 대상자를 선정(20명)하였으며, 사업부지를 선정하였다. 2년차(2019년)에는 스마트팜을 설치하고, 기반시설 공사를 진행하였으며, 교육 및 시험 재배를 시작하였다. 3년차(2020년)에는 판로지원을 통해 첫 수익이 발생하였다. 이와 더불어 일자리의 질 개선을 위한 운영지원, 매뉴얼 제작을 시행하였다.

이 과정 속에서 아래 표와 같은 민·관 협력 플랫폼이 구축되었다.

표 17 도시농부 아카데미 하우스 사업의 민관협력

구분		추진내용 및 실적
공공기관	건강보험심사평가원	스마트팜 시설, 근로환경 조성 등 사업운영 지원
시민단체	사회복지협의회, 노숙인센터 등	사업운영, 직업교육, 노숙인 관리, 매뉴얼 제작 등
지차체	원주시, 원주시농업기술센터	사업부지 협조, 식물재배 교육 및 자문, 분말가공 등

또한 평가원은 커뮤니티 하우스(화장실, 조리실, 쉼터, 인터넷) 1동 지원, 강릉원주대 협조 스마트팜 연동 IOT기술력 지원과 더불어 안전 및 시설 관리 CCTV 지원으로 재배 환경 등 작업장 관리 시스템 구축하여 일자리의 질 개선을 도모하였다.

한편, 새싹보리 판로지원, 농산물 저장시설 지원, 친환경 무농약 인증 지원, 식품 소분·판매업 영업 허가 지원 등을 통해 판로를 확보하고 운영을 지원하였다. 2021년, 동반성장몰·강원혁신몰의 입점을 추진 중에 있다.

■ 추진 성과 및 향후 계획

위 사업은 평가원이 혁신도시에 정착한지 5년 만에 지역사회의 문제 해결과 사회적 가치를 향상하기 위한 노력을 엿볼 수 있다. 노숙인들의 자립기반이 되어 줄 양질의 일자리를 창출(전임 2명, 대체·보조인력 20명)하였다. 새싹보리의 수익이 창출 및 확대(2020년: 2백만 원, 2021년 3월까지: 5백 6십만 원)되었고, 노숙인 대상 농작물 재배와 경제관념 교육을 통해 자활의지를 개선하였다. 그 결과 2020년 원주 시민 대상 사회적가치 기여도 조사결과(기획재정부 주관)가 대폭 향상되었다. 향후 평가원은 사업의 지속가능성을 검증한 후 관내 취약계층 및 타 지방자치단체를 대상으로 사업 확장을 위한 매뉴얼 구축을 추진하여 사업의 확장 가능성을 열어두고 있다.

② 한국가스안전공사: 중증장애인 일자리 창출, "가스안전사이버감시단"

■ 개요

한국가스안전공사의 "가스안전사이버감시단" 사업은 사회취약집단을 위한 일자리를 창출하는 동시에 가스안전이라는 기관 고유의 임무실현에 기여한 우수사례이다. 코로나19의 확산은 우리나라 산업계 전반에 고용 한파를 불러왔고, 특히 장애인들은 일자리 부족 문제를 더욱 심각하게 겪고 있다. 동시에 우리나라에서 '온라인 유통을 통한 불법가스용품 판매행위'가 매년 증가[20]하고 있는 상황이다.

공사는 2020년에 관련 민·관 주체들과 협력을 기반으로 해당 사업을 추진하였고 장애인에게 양질의 일자리를 제공하고 불법 가스 용품으로 인한 위험을 줄이는 성과를 도출하였다.

■ 추진 계획 및 내용

한국가스안전공사는 고용한파에 가장 취약한 장애인근로자들에 적합한 가스안전 관련 직무를 발굴하기 위해 전 직원을 대상으로 '가스안전 일자리 창출 아이디어'를 공모했다. 이 과정에서 코로나19로 인해 재택근무가 활성화된 상황이 출퇴근에 어려움이 많은 장애인들에게는 또 다른 기회가 될 수 있다는 점에 주목한 '가스안전사이버 감시단'을 우수 아이디어로 선정했다. '가스안전사이버감시단'은 장애인들을 공사 체험형 인턴으로 채용하여, 인터넷 쇼핑몰·블로그·유튜브 등으로 판매되는 가스관련 불법 제품을 재택·유연근무를 통해 적발·시정조치 하는 사업이다

공사는 단독으로 사업을 수행하기보다 사업에 연관된(장애인 고용, 온라인유통 등) 지식, 실행수단(인력, 예산 등), 네트워크를 확장하기 위해 협력파트너를 물색하였고, 경기도·장애인고용공단·인터넷쇼핑협회가 사업에 참여하였다. 참여한 장애인 체험형 인턴들에게는 원격으로 운영지원뿐 아니라 가스분야 자격증교육 및 컴퓨터활용역량 교육 등이 제공되었다.

---

20 일례로, 한국가스안전공사 집계에 의하면 온라인에서 불법 유통되는 질소 가스를 자살용도로 사용하는 사례가 2014년(5명) → 2015년(6명) → 2016년(20명) → 2017년(42명) → 2018년(99명)로 매해 빠르게 늘어나고 있다.

| 표 18 | 가스안전사이버감시단 협력기관 역할분담

경기도	장애인고용공단	한국가스안전공사	온라인쇼핑협회
운영 예산 및 인력 지원	인력풀 제공, 실무활용 교육 지원	사이버 감시단 업무 총괄, 불법가스제품 등 위험성 홍보	단속된 불법사이트 차단 및 후속조치

■ 추진 성과 및 향후 계획

2020년 가스안전사이버감시단을 통해 청년장애인 9명이 고용되었고, 원격재택근무(출퇴근의 어려움 해소 및 코로나19 감염방지 효과) 및 다양한 교육지원 등을 통해 일자리 만족도(업무만족도 81.7%, 재근무 의향 84.4% 등)가 향상되었다. 사업기간 동안 감시단의 온라인 쇼핑몰 25,363건 모니터링 결과, 불법 판매사이트 126개소를 발굴하여 폐쇄조치 되었다. 사업의 성과에 힘입어 공사는 비대면 장애인 적합 직무(자료검색, 국외자료 번역 등 비대면 직무)를 발굴하여 20명을 추가 채용하였다. 향후 공사는 사업운영 협력 지방자치단체를 확대하고 가스안전사이버감시단 전국 운영 기반을 구축할 예정이다.

③ 한국소비자원: 고령자 일자리 창출, "시니어소비자지킴이"

■ 개요

한국소비자원은 '시니어소비자지킴이' 사업을 통해 고령자의 일자리를 창출하고, 고령소비자의 피해를 줄이고자 하였다. 급격한 고령화 및 고령자 소비생활 활성화에 따라, 최근 5년간 60세 이상 소비자 상담 2배 이상 증가(2016년 37,287건 → 2020년 85,985건)하고 있는 추세이다. 또한 고령화로 노인 세대의 소득보장, 사회참여를 위한 일자리 창출에 관한 요구가 증가하고 있으나, 다양한 경력을 갖춘 신노년층의 역량에 부합하는 양질의 일자리는 부족한 상황이다. 따라서, 한국

소비자원은 유관기관과의 협업을 통한 노노케어 방식의 '시니어소비자지킴이' 사업을 통해 양질의 고령자 일자리 창출 및 지역 고령소비자 권익증진에 기여하고자 하였다.

■ 추진 계획 및 내용

한국소비자원은 퇴직 공무원 등 고령자를 '시니어소비자지킴이'로 선발 및 양성하여 노인복지관 등에서 노인 대상 피해상담 및 정보제공 등의 업무를 수행하고 대가를 지급(월 70만원 상당 급여)하는 사업을 계획하였다. '시니어소비자지킴이'의 주요 역할은 고령 소비자 피해상담, 피해예방 정보 확산, 위해정보 및 부당광고 감시 등이다.

전국 7개에서 지역 '시니어소비자지킴이' 사업 공동 추진을 위해 기관별 지역조직을 활용하여 지역별 맞춤형 협력체계를 구축하였다.

표 19 시니어소비자지킴이 사업 협력체계

지역별 시니어클럽		한국소비자원(지방지원)		한국노인인력개발원 (지역본부)
• 참여자 모집·선발 • 활동처 발굴·관리 • 참여자 활동관리	＋	• 인력 양성과정 기획·운영 • 연간 활동지원(자료제공 등) • 사업홍보 및 지역협업	＋	• 일자리 사업 예산 지원 • 참여자 소양교육 • 모니터링 및 사업평가

코로나19 감염 확산으로 대면 사업 수행이 어려워졌으나, 비대면 추진방안 마련으로 '시니어소비자지킴이'의 운영 방식을 전환하였다. '시니어소비자지킴이' 선발인력 대상 기본교육 과정을 동영상으로 제작하여 비대면 방식의 인력 양성과정 운영(기존 집체교육)하였다. 그리고 기존의 대면업무(피해상담, 정보제공 등)뿐만 아니라 코로나19 관련 소비증가 품목인 의료기기, 건강기능식품의 고령자 관련 부당광고 감시, 위해정보 신고 등 비대면 활동 영역 발굴하여 사업의 축소 및 폐

지를 막을 수 있었다.

■ 추진 성과 및 향후 계획

'시니어소비자지킴이' 사업을 통해 활동영역을 확대하고 거래·안전 환경에서의 고령 소비자 피해를 예방하였다. 고령자 관심도가 높은 품목 대상 부당 표시·광고 의심사례 725건 발굴 및 120건의 자율시정조치를 실시하였고, 고령자 관점에서 위해정보 발굴·신고 과업을 부여하여 622건의 위해정보 신고 및 53건의 시정조치를 실시하였다. 주로 수입 제품의 KC인증 표시 누락, 리콜대상이지만 온라인으로 유통되고 있는 완구·가전제품·건강식품을 발굴·차단하였다.

또한 코로나19 확산에도 불구하고 사업의 안정적 추진을 통하여 7개 지역(광주, 대구, 대전, 세종, 울산, 인천, 제주)의 고령자 일자리 213개를 창출(2019년 1개 지역, 34개)하였다.

■ 환류

한국소비자원은 시니어소비자지킴이의 전국 시·군 단위 확산을 최종목표로 단계별 중장기 목표 부여 방식을 통한 성과관리 추진하고 있다. 이를 위하여 2022년까지 양질의 고령자 일자리 600명 창출과 더불어 양성된 시니어소비자지킴이 인력 활용 확대 방안을 마련하고 있다.

④ 한국언론진흥재단: 뉴스빅데이터와 AI 기술로 청년 일자리 창출

■ 개요

한국언론진흥재단은 뉴스 비즈니스 모델 발굴 확대를 위하여 뉴스 빅데이터와 AI 기술로 청년 일자리를 창출하는 사업을 추진하였다. 기존에는 혁신적인 비즈니스 아이디어가 있어도 저작권료, 시스템 미

비 등으로 창업이 어려운 것에 착안하여, 기관이 보유하고 있는 뉴스 빅데이터(7천만 건)와 AI 분석기술 지원을 통한 미디어 분야 특화 스타트업 발굴 및 육성을 추진한 것이다.

한국언론진흥재단은 기존의 지원 스타트업(2016년~2019년)을 대상으로 의견을 수렴하여 전년도 사업분석을 통해 전문가 멘토링 강화, 상용화 등 사후지원 체계를 강화하였다. 따라서 집합식 강연에서 1:1 맞춤형 멘토링으로 전환하고, 홍보·네트워킹 지원 강화로 서비스 상용화 등 안정성장 기반 마련하고자 하였다.

■ 추진 계획 및 내용

본 사업은 크게 3단계로 진행되었다. 첫 번째, 뉴스빅데이터를 활용하여 스타트업의 발굴을 시작하였다(3~5월). 뉴스빅데이터 활용 아이디어 발굴을 위한 '해커톤'을 개최하였고, 여기에서 AI 음성합성 뉴스 서비스 등 스타트업 12사를 발굴(59사 참가)하였다.

두 번째, 스타트업 인큐베이팅을 추진하였다(5~11월). 한국언론진흥재단은 개발비를 증액하고(3억), 빅카인즈 API를 2년간 무상 제공하였다. 또한 네트워킹, 비즈니스 모델 개발 및 사업화, 홍보·마케팅, IR, 펀딩 등 성장단계에 맞춘 1:1 멘토링 실시와 갖은 맞춤형 교육을 실시하였다.

세 번째, 스타트업을 사후관리하였다(11~12월). 개발 점검(5회), 개발자 워크숍 등을 통해 상용화 단계 지원 필요성 확인, 상용화·투자유치 등 사후지원 강화 과제 도출을 통해 모니터링을 실시하였다. 그리고 재단과의 협업, 사업 파트너 소개 및 협상 지원 등 개발 서비스·비즈니스 모델 상용화 지원을 강화하였다. 또한, 인센티브 지급, 지원 성공 스타트업 사례 공유 및 네트워킹, 국제컨퍼런스 우수사례 발표, 해외진출의 지원이 이어졌다.

■ 추진 성과 및 향후 계획

한국언론진흥재단은 미디어스타트업 육성을 통해 혁신형 일자리를 지속적으로 창출하고(평균 28% 상승), 미디어스타트업 성장역량 강화로 안정적인 시장진입을 지원하였다. 2020년 지원한 스타트업의 연 매출이 77% 성장(31.5억 원)하였으며, 9.4억 원의 투자를 유치하였다. 스타트업 서비스 상용화와 투자유치 성과도 주목할만하다. 재단의 지원을 받은 '퍼블리시'는 2,800여 개 회원사를 보유한 CMS 업체인 엔디소프트와 계약 체결하고, 상용화에 성공하였을 뿐만 아니라, 국제 IR 대회 1위 수상하고 실리콘밸리에 진출하였다. '지속가능발전소'는 재단과 협업하여 'ESG 평가모델' 뉴스 데이터분석 신상품을 출시하는 성과를 이루었다.

⑤ 한국해양수산연수원: 양질의 미래 일자리 창출

■ 개요

한국해양수산연구원은 지속적인 해운분야 산업 침체 및 국내 일자리 경쟁심화로 기존 기관의 해기사 일자리 산업에 대한 재점검 및 변화의 필요성을 절감하여, 양질의 미래 일자리 창출 사업을 추진하였다.

■ 추진 계획 및 내용

한국해양수산연구원이 양질의 일자리 창출을 위해 추진한 내용은 크게 실습형 교육전환, 첨단 인프라 확보, 취업네트워크 확대, 신성장 해양 산업 발굴로 나누어 볼 수 있다.

우선, 선박 자동화, 대형화에 따른 항해 실습, 기관운용 등 실제 선박운항장비 실습을 위한 직무 체험형 실습교육과정으로 개편하여 취업 경쟁력을 확보하였다. 2019년에는 14개, 2020년에는 17개 과정을 체험형 교육으로 전환하였다.

둘째, 목포 교육장 구축 등 국제인증 교육과정확대 운영을 위한 첨단 인프라를 확충하였다. 서남해권거주 교육수요 해소, 지리적 불편 해소를 위한 목포분원을 준공하였고, VR기반 해상생존실습장비 등 안전교육에 최적화된 최신 교육장비를 구축하였다. 탱커구조설비체험 시뮬레이터, VR기반 선박엔진시뮬레이터 등 최신교육장비의 도입과 더불어, 해양플랜트산업분야 전문인력 양성을 위한 종합훈련장을 준공하였다.

셋째, APEC SEN 사무국 활성화, 글로벌 승선취업 일자리 발굴·매칭을 통한 국내 청년 해기사의 해외 진출을 지원하였다. APEC 지역내 선원들의 교육훈련, 채용 등 국제 해운 시장 진출·교두보마련을 위한 국제협력 강화를 주도하였고, 국제인증 글로벌 표준해사 영어교재를 개발하고, 코로나19 예방 포스트(9종, 9개 언어)를 국제사회에 배포하였다.

넷째, 신성장 해양 산업 발굴을 추진하였다. 미래 해양교통 선도를 위한 수면비행선박조종사 지정교육기관 승인 및 교육과정을 개발 시행하였다. 또한 자율운항선박 핵심기술 연구를 통한 디지털뉴딜기반을 조성하였다.

■ 추진 성과 및 향후 계획

한국해양수산연구원은 해양분야의 양질의 일자리 창출 사업을 통해 국제적 위상을 제고하여 신규 일자리 영역을 확대하였다. 또한 국제 선원네트워크 기반구축 APEC기금 30만달러(원격학습 플랫폼 15만달러, 온라인채용플랫폼 15만달러) 유치와 더불어, 이스라엘, 싱가포르 등 해외선사 15명 취업을 달성하였다. 특히 국내 국내 여성해기사 최초 쇄빙선(그린피스) 항해사 취업은 괄목할만한 성과이다.

⑥ 한국환경공단: 주민과 함께 미세플라스틱 역습을 막아라

■ 개요

한국환경공단은 코로나19 여파로 일반가정에서 신선식품, 택배 등의 주문이 늘면서 배송 시 포함되는 아이스팩 사용량도 전년 대비 50% 이상 증가 추세에 있다는 것에 주목하였다. 아이스팩 사용량은 2016년 1.1억 개에서 2020년 3.2억 개로 증가하였고, 2022년에는 7.1억 개로 예상된다. 아이스팩은 환경을 위해 재사용을 권고하지만, 대부분 한번 쓰고 종량제 봉투에 버리거나 하수구로 배출하여 토양오염, 수질오염, 유해물질 발생 등 심각한 환경문제를 야기하고 있다. 따라서 한국환경공단은 환경을 보호하면서, 소상공인도 지원하는 공단 주도의 재사용 캠페인을 추진하였다.

■ 추진 계획 및 내용

아이스팩 재사용을 위해서는 수거가 선행되어야 하지만, 수거 체계가 미흡하고, 분리배출의 번거로움으로 일반국민의 자발적 참여가 미흡한 실정이다. 또한 아이스팩은 모양이나 크기가 달라 재사용하기 불편하고, 아이스팩 표면에 음식물 잔재물이 남아있어 위생상 재사용이 부적절하다는 부정적 인식이 팽배하다.

따라서 한국환경공단은 지방자치단체, 시민단체, 지역 커뮤니티, 상인연합회 등과 아이스팩 재사용 캠페인을 추진하였다. 지방자치단체에서 용역사업으로 실패한 아이스팩 재사용을 민·관 협력을 통해 개선하고자 한 것이다. 공단 주도의 아이스팩 재사용 캠페인의 운영 체계는 다음의 그림과 같다.

그림 4   아이스팩 재사용 캠페인 운영체계도

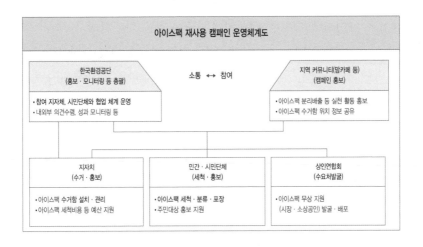

또한 수거방법과 참여방법을 개선하였다. 지방자치단체와 협업으로 기존 쓰레기 분리 배출장이 아닌 아파트 경비실 앞 등 깨끗한 장소에 아이스팩 전용 수거함 이동 설치하였고, 단순 분리배출–수거 방식에서 수거촉진을 위한 경제적 유인책 마련(아이스팩 10개 반납 시 종량제 봉투제공)하였다. 그리고 7개소의 시민단체, 장애인직업재활시설 등과 함께 수거된 아이스팩을 선별, 세척, 분류, 포장하여 재사용을 위해 품질을 개선하였다. 지역 맘카페에 아이스팩 재사용 캠페인 홍보를 통해 재사용에 대한 인식을 개선하였다. 소상공인진흥공단과 협업으로 전통시장, 지역업체 등 아이스팩 재사용을 위한 수요처를 개발하고, 무상공급 추진하여, 소상공인 1,390개소, 수산화가공선진화단지 내 45개소에 약 10만 개의 재사용 아이스팩을 공급하였다. 게다가 시민단체와 협업으로 재사용이 불가능한 아이스팩을 환경교육자료(친환경 방향제만들기 실험키트)로 제작하였다.

■ 추진 성과 및 향후 계획

공단은 본 사업을 통해 일자리 창출·환경개선 효과와 더불어 주민 참여형 아이스팩 재사용 캠페인의 성공모델을 마련하였다. 수거·세척하여 공급한 아이스팩을 전통시장, 지역업체 등에서 재사용함에 따라 아이스팩 구매·처리비용 1.1억 원을 절감하였고 신규일자리 35개를 창출하였다. 게다가 아이스팩 재사용으로 약 60톤의 미세플라스틱 발생을 차단하였다. 그 결과, 2020 정부혁신 우수사례 통합경진대회 왕중왕전 대통령상(1위)을 수상하였으며, 2021년도 기재부 주관 혁신·협업·시민참여과제 공모 '우선과제'로 선정되었다.

■ 환류

시민참여형 아이스팩 재사용 캠페인은 전국으로 확산 중에 있다. 새마을운동중앙회(247개 지회), 해양환경공단(12개 지사)과 공단 지역환경본부 협업을 통해 기존 지역 단위(부산,양산) 캠페인에서 전국단위 플라스틱 Free 캠페인으로 확대되고 있다. 게다가 폐아이스팩을 활용해 환경교육자료를 제작한 시민단체에 사회적기업 설립 역량강화 교육 지원, 판로지원 등을 통해 사회적 기업으로 성장할 수 있도록 지원하였다.

3) 균등한 기회 및 사회통합

① 국가철도공단: 워킹맘의 마음을 담아, 포용국가 실현에 앞장서는 KR

■ 개요

국가철도공단은 철도를 이용하는 주양육자를 위해 안정적인 자녀 양육 환경을 철도자산 내 마련하는 사업을 추진하였다. 공단은 여성 인력이 상대적으로 부족한 기술업무 중심의 SOC 산업군에 속하여 타

공공기관 대비 여성 직원 및 여성 관리자의 비율이 저조하다. 이에 공단은 출산 및 육아로 경력단절 위기에 놓인 여성직원을 위한 일·가정 양립제도를 마련할 필요가 있다고 판단하였다. 따라서 공단의 현재 수준을 진단하고 그 결과를 바탕으로 성별균형 포용성장 체계 구축을 위한 실천적 개선방안으로서 워킹맘의 보육지원과 일·가정 양립제도를 마련하였다.

■ 추진 계획 및 내용

공단은 국내최초로 철도를 이용하는 양육자의 보육지원을 위해 철도역사(평내호평역) 내 철도 어린이집을 개원한 사례를 기반으로 역사 내 어린이집을 전국으로 확대하고자 하였다. 출·퇴근 유동인구 등 공단의 사전조사 결과를 기반으로 지방자치단체 공모를 통해 추가 개원장소를 선정하여 양육자의 이용 접근성 강화하였다. 2021년 탄현역, 행신역, 2022년 여주역(장애아 통합)에 철도 어린이집을 개원할 예정이다. 또한 지방자치단체와 업무협약을 통해 국·공립 어린이집으로 개원하여 학부모 경제 부담경감 및 어린이집 설치기준(128.7㎡) 대비 2.1배 수준(270.3㎡)의 보육공간 조성으로 쾌적한 보육환경 마련할 계획이다. 현재 운영 중인 평내호평역 내 어린이집의 경우 지역사회 주양육자가 높은 만족도를 보여 정원 대비 100% 수준 이용하고 있다.

한편, 공단은 여성가족부의 여성 관리자 양성 컨설팅 사업에 참여하며, 별도의 자체 조직진단 용역을 시행하여 체계적인 여성 대표성 제고 계획 수립 및 양성평등한 인력운영 체계를 확립하고자 하였다. 여성가족부와의 협업 및 전문 컨설턴트를 통한 라이프 사이클 관점의 개선과제 마련으로 여성 관리자 양성 중장기 계획을 2020년 12월에 재정립하였다.

그리고 양성평등 채용제도를 마련하고, 철도자산을 활용한 여성

장애인 맞춤형 일자리 창출로 여성 구직자 기회를 확대할 계획이다. 공단 내 기술분야 여성인재 확보를 위해 양성평등 채용목표제 목표비율을 2020년 20%에서 2023년 30%로 상향 조정하였으며, 적용대상도 최종선발 10명 초과 분야에서 최종선발 5명 이상 분야로 확대하였다. 채용과정 중 성별에 따른 차별적 요소 원천차단을 위해 단계별 차별항목 유무 점검 의무화와 여성 면접위원 목표비율을 마련하였다.

여성 대표성 제고를 위한 성인지 관점의 평가·승진 및 보직 배치의 비차별적 원칙을 수립하였다. 승진심사 대상 중 특정 성별이 10% 미만인 경우 심사 대상자 추가 선정하는 등 양성평등 승진심사를 위한 프로세스의 확립과 여성인력의 주요보직 배치강화를 위해 여성 직책자 배치현황 모니터링 체계 마련 및 여성의 사회진출이 활발한 개방형직위 공모 활성화를 추진하고 있다.

■ 추진 성과 및 향후 계획

공단은 대중교통시설이라는 철도역사의 공간 개념을 확장하여 양육자의 보육문제를 해결하는 국민 체감형 사회적 가치 창출 플랫폼으로서의 공간으로 변화시켰다.

또한, 양성평등 채용목표제 고도화 및 채용전형 중 차별적 요소 최소화 노력을 통해 창립 이래 역대 최대인 57.5명(30.7%)의 여성인재를 채용하였고, 승진 및 보직배치의 비차별적 원칙 수립으로 남성 대비 여성관리자 승진 소요기간을 65% 수준으로 단축하고, 창립 이래 최대 여성보직자(처장 1명, 부장 3명)를 발탁하였다.

② 국립공원공단: 장벽 없는 국립공원 생태복지 실현
■ 개요

국립공원공단은 장애인 및 교통약자가 국립공원을 즐길 수 있도록 서비스를 제공하고, 중증장애인의 일자리를 양성하는 사업을 추진하였다. 실제 개나리, 무당벌레 등 동·식물을 표현하는 수어가 거의 없어 농아 대상 생태 교육에는 한계가 존재한다. 따라서 청각장애인의 문화결손과 기본권 보장에 대한 사회문제가 대두되었다. 뿐만 아니라 급증하는 고령화 추세를 고려하여 교통약자를 위한 무장애 탐방인프라의 확대가 필요한 실정이다.

한편, 돌발해충의 발생 등으로 인한 곤충 전문 인력이 부족하고 코로나19 고용충격으로 인하여 중증장애인 일자리 급감하였다. 이에 공단은 자폐성 장애인의 사물감지 능력이 일반인 대비 10배 뛰어나다는 연구결과(Human Brain Mapping 2011)에 착안하여 새로운 전문일자리(곤충선별가)를 발굴하였다.

■ 추진 계획 및 내용

국립공원공단은 우선, 국내 최초로 동·식물 수어도감을 제작하고 수화 해설 서비스를 제공하기 시작하였다(표20).

표 20 동·식물 수어도감 제작 및 수화 해설 서비스 제공

동·식물 수어 개발(90개) 및 수어도감 제작	수어도감 보급 및 수화 해설서비스 제공
• 사용빈도 높은 동·식물 분석 후 전문기관(수화통역센터, 대안학교) 협업으로 수어 개발 및 수어도감 제작 • 청각장애인 대상 수화 해설 동영상 제작	• (수어도감 보급) 전국 한국 농아인협회(195개) 및 청각 장애인 학교(14개)에 보급 • (수화 해설서비스) 수화 탐방해설 동영상 보급 및 실시간 비대면 프로그램 운영(506명 참여)

그리고 교통약자를 배려한 무장애(Barrier-Free) 탐방인프라를 다양화하였다. 장애 탐방로 52개 구간(49.0km)을 운영하고, 국내 최초로 무장애 카라반을 도입하였다. 야영장 내 무장애 영지(123개)를 운영하

고 교통약자 우선예약 기회 제공으로 교통약자가 생태환경을 즐길 수 있는 기회를 확대하였다.

이뿐만 아니라 중증장애인을 대상으로 곤충선별가를 양성하고 일자리를 제공하였다. 곤충선별가는 곤충연구를 위해 채집된 곤충 샘플 분류(Sorting) 작업을 수행하는 전문 인력으로, 광화문1번가(협업이음터)를 통한 협업체계를 구축하여 전문가 양성 및 일자리 창출을 추진하였다(표 21).

표 21 장애인 대상 곤충선별가 양성을 위한 협업체계

한국장애인개발원		국립공원공단		국립생태원
장애인 참여자 모집, 관리, 훈련 지원	➕	총괄 및 직업훈련, 일감(시료) 제공	➕	일감제공 및 직업훈련 공동 진행

■ 추진 성과 및 향후 계획

공단의 사업은 취약계층의 생태복지 사각지대를 해소하는 데 성과를 거두었다. 수어도감 활용기관의 직원만족도 96.1점을 달성하였으며, 수어 90종의 국립국어원 등재를 추진 하는 기반을 마련하였다.

또한, 보편적 공원시설의 확충으로 교통약자 이용편의를 증진하였다. 무장애 탐방인프라 확대로 「산업정책연구원 주최 CSV 포터상」을 수상하고, 무장애탐방로 이용객 만족도(보통이상 만족)는 96.7%로 매우 높은 성과를 보였다.

게다가, 중증장애인 곤충선별가 일자리 26개를 창출하는 성과를 거두었다. 이는 대통령 직속 일자리 위원회 '2020 대한민국 일자리 우수사례'에 선정되고, 기획재정부 혁신·협업·시민참여과제 '우수협업과제'로 선정되었다. 한편, 국립공원 돌발해충 대응책 마련 및 국

내 미발굴종 발견 등 연구의 증가로 이어졌다.

③ 국제방송교류재단: 방송사 핵심보직 유리천장 타파

■ 개요

국제방송교류재단은 방송사 주요보직의 여성 대표성을 확대할 필요성이 높아짐에 따라 방송사의 핵심보직에 여성을 임명하고, 정부 정책에 부합하는 여성 인력의 양적 확대와 일·가정 양립의 근무환경 조성, 양성평등한 인사정책을 구현하기 위한 사업을 추진하였다.

■ 추진 계획 및 내용

방송사 핵심보직인 제작센터장, 시사보도센터장, 디지털콘텐츠팀장, 뉴스파트, 라디오편성제작파트장, 해외광고대행파트장에 여성을 임명하여 유리천장을 타파하고자 하였다. 또한 여성 임원 임명에 있어 도전적 목표치를 설정(40% 이상)하고, 정부권장목표(2022년까지 20% 달성)를 조기에 초과 달성하였으며, 주무부처와 양성평등 실현 의지를 공유하여 지속적으로 추진력을 확보하고자 하였다. 한편, 각종 위원회의 여성참여 활성화로 여성 및 여성임원의 인재풀을 확보하고자 노력하였다. 관련 규정을 개정하여 임원추천위원회에 여성의 참여를 의무화하였고, 채용심사위원회 여성전문가 위원을 위촉하였다.

■ 추진 성과 및 향후 계획

이러한 사업의 추진을 통해 방송사 핵심보직 6개에 여성을 임명하고, 임원 총 5명 중 여성임원이 2명을, 2020년 총채용인원(33명) 중 여성(20명)이 61%를 차지하는 성과를 거두었다.

④ 대한무역투자진흥공사: 해외진출로 사회적경제기업과 소상공인
의 자생력 강화

■ 개요

대한무역투자진흥공사은 2020년 하반기 국내 마스크 공급과잉 문
제를 민간 협업을 통한 해외수출로 해결하고, 코로나19에 취약한 소
상공인과 사회적경제기업의 수출역량을 육성하여 수출기업으로 성장
할 수 있도록 지원하는 사업을 추진하였다.

■ 추진 계획 및 내용

공사가 추진한 사업의 첫 번째는 발달장애인과 '디자인콜라보'를
통해 사회적경제기업의 마스크 제품을 글로벌 경쟁력이 있는 프리미
엄 마스크로 업그레이드한 것이다. 공사는 발달장애 예술인과 마스
크 생산 소셜벤처기업 간 디자인콜라보를 지원하여 독창적인 디자인
의 프리미엄 마스크 생산 및 수출을 지원하였다. 또한, 공사는 작품
골라보의 매칭·시제품 비용 지원, 수출컨설팅 통한 역량 강화, 해외
판로 개척 등을 통해 수출을 지원하였다. 해외 주요국·도시에서 기
부 등 다양한 형태의 글로벌 홍보를 실시하고 국내 판로 개척도 지원
하였으며, 디자인 콜라보 사업 홍보영상을 제작하여 SNS를 통해 대
국민 홍보를 추진하였다.

두 번째는, 소상공인 맞춤형 수출지원 체계를 구축하고 무료사업
확대, 서비스 수수료 할인, 사업참가 우대 등 맞춤형 '소상공인 우대
제도'를 실시한 것이다. 전담조직을 신설하고, 외부기관 협업 및 우
대제도를 마련하였고, 무역·투자 빅데이터 플랫폼 활용하여 유망바
이어를 무료로 발굴(95개사 135건)하고, 무료 수출역량 강화 교육의 지
원, 기관 수출마케팅 참가 시 소상공인 우선 지원 등을 추진하였다.
게다가 스타트업의 기술을 기관이 구매하는 "KOTRA X 스타트업 오

픈이노베이션"을 신규 실시하여 혁신스타트업의 테스트베드를 제공하였다.

■ 추진 성과 및 향후 계획

공사의 이러한 노력에 의해 사회적경제기업 수출성과가 40% 증가(930만 달러)하는 성과를 거두었고, 수출지원을 받은 사회적경제기업의 일자리 281명이 증가하였다. 또한 2020년 소상공인 수출기업화 1,588개를 달성하고, 수출성공률도 58.6%에 이르렀다.

⑤ 한국국제협력단: 중증 장애인의 채용장벽 완화를 통한 사회형평적 채용 실현

■ 개요

한국국제협력단은 사회형평적 채용을 실현하기 위한 중증 장애인의 채용장벽 완화 사업을 추진하였다. 공공기관의 장애인 의무 고용률을 확대하고 중증장애인의 채용을 확대하려는 정부 정책으로 공공기관의 사회적 책무 이행 요구가 증가함에 따라 기관 내부적으로 장애인 인식 개선노력을 확대하고 있다.

■ 추진 계획 및 내용

한국국제협력단은 장애인 직원에 대한 채용직무를 특정 직무에서 일반직과 동일한 공통 직무로 확대하였다. 그리고 성남시 공공기관 장애인 채용설명회 등을 통해 장애인 지원자 향상을 위한 채용정보 홍보를 확대하였다. 장애인 응시자에 대한 필기시험 편의제공을 위해 장애인고용공단 장애인 시험 편의제공 기준을 준용하여 채용장벽을 완화하였다. 그리고 본부동 1층(現장애인 직원 근무지)에 남녀 장애인 화장실 개선 공사를 실시하고, 뇌병변 중증 장애인을 위한 전동카

트 등 청사 내 이동지원 장비를 구비하여 근무환경을 개선하였다. 직장 내 장애인 인식개선 교육을 실시하여 장애인의 인권, 장애 유형에 대한 이해도를 향상시켰다.

■ 추진 성과 및 향후 계획

한국국제협력단의 장애인 채용장벽 완화 사업으로 인하여 장애인 입사 지원율이 2019년 37:1에서 2020년 39:1로 증가하였다. 또한 장애인 제한경쟁 채용 및 편의제공 등을 통해 2년 연속 중증 장애인 정규직 총 3인을 채용하였으며, 3년 연속 공공기관 장애인 의무 고용률을 상회하는 장애인 고용률을 달성하는 성과를 거두었다.

4) 안전 및 환경

① 한국전기안전공사: "발달장애인 안전공연단" 창단

■ 개요

한국전기안전공사는 국내 최초로 발달장애인으로 구성된 '유니버셜 안전예술단'을 창단하였다. 최근 5년간 전기화재가 전체 화재 건수의 18.9%를 차지하여 부주의 화재 건수 다음으로 높으며, 화재는 대부분 주거시설(약 30%)의 콘센트, 전자제품 등(약 50%)에서 발생하고 있다. 화재로 인한 사망자 비율은 인구 10만 명 당 장애인 2.8명, 비장애인 0.6명으로 장애인 사망자 비율이 4.7배 높다. 특히 장애인은 공동으로 거주하는 경우가 많고, 화재 사고발생 시 인명피해 우려가 매우 크다. 따라서 장애인에 대한 전기안전교육의 확대의 필요성이 제기되었으나, 공사는 기술전문 회사로 장애인 적합 직무 발굴에 어려움이 있었다. 따라서 발달장애인으로 구성된 '유니버셜 안전예술단'을 창단하여 양질의 장애인 일자리 창출과 안전문화를 확산하고자 하였다.

■ 추진 계획 및 내용

공사는 안전에 관하여 장애와 비장애의 경계 없이 모두가 보편적인 (Universal) 권리를 누릴 수 있도록 공연예술을 통해 안전문화 교육을 실시하겠다는 의미의 '유니버셜 안전예술단'을 창단하고, 단원을 직접 고용하였다. 이에 따라 기존에 외부 위탁하던 전기안전 교육을 공사에서 공연단을 통해 직접 수행할 수 있게 되었다. '유니버셜 안전예술단'은 배우 및 스탭 9명(발달장애 - 중증), 연출 및 행정 3명(지체장애 - 중증 및 경증)으로 구성되었다. '유니버셜 안전예술단'은 전북소재 초등학교, 특수학교, 장애인단체를 대상으로 찾아가는 전기안전 뮤지컬 공연을 선보일 계획이였으나, 코로나19로 인하여 찾아오는 공연(도청, 교육청관계자, 선화학교 등)과 온라인 공연을 진행하고 있다.

■ 추진 성과 및 향후 계획

공사의 사업으로 양질의 중증장애인 직접고용 일자리가 12명 창출되었고, 장애인 고용부담금이 약 1억 원 절감되었다. 이에 따라 기획재정부, 공공기관운영위원회(2020.12.29)에 양질의 장애인 일자리 창출 우수사례로 보고되었으며, 고용노동부, 문화체육관광부 장애인고용 우수사례 선정되었다.

한편, 장애인에 의한 장애인을 위한 안전교육 강화로 안전의식을 함양하고, 특정영역(주로 영세 제조업, 바리스타 등)에 국한된 중증장애인 일자리를 문화예술분야로 확장하여 장애인의 권익을 신장시키는 성과를 거두었다.

② 한국방송통신전파진흥원: 'SOS 워치' 개발 · 보급 · 상용화
■ 개요
한국방송통신전파진흥원은 소형선박 해상사고 골든타임 확보를 위

한 'SOS 워치' 개발 · 보급 · 상용화를 추진하였다. 기존의 비상용 무전기는 선내에 고정되어 있어 긴박한 상황(추락 등)에서 선실로 이동하여 조난신호 발사가 어렵다. 2015년부터 비상용 무전기 설치 의무를 2톤~5톤 소형 선박까지 확대하였음에도 인명사고가 지속적으로 발생해왔다. 따라서 전복, 추락 등 발생 시 조난자가 선실로 이동하지 않고도 즉시 조난신호 발사가 가능한 장치의 필요성이 높아짐에 따라 진흥원은 'SOS 워치'를 개발하고 보급 및 상용화를 추진하게 되었다.

■ 추진 계획 및 내용

한국방송통신전파진흥원은 2018년부터 해상사고 생존율 향상을 위한 원격발사장치 개발에 돌입하였다. 익수 및 선박 전복 등 발생 시 즉시 조난신호가 발사 가능한 손목시계형 송신기(비상용 무전기 연동)를 자체 개발하고 특허 등록을 마쳤다. 2020년부터 중소기업과 상생협력을 통한 국내 상용화를 추진하였다. 손목시계형 송신기의 보급 확대 및 산업 활성화를 위하여 중소기업과 특허 실시권 계약을 체결하고, 중소기업 연계를 통한 상용화 단계 제품 개발 및 제조 · 판매를 위한 적합인증을 취득하여 국내 상용화의 발판을 마련하였다. 그리고 해경, VTS의 협조를 통한 실제 해상환경 테스트로 SOS워치의 실효성을 검증하였다.

■ 추진 성과 및 향후 계획

진흥원의 'SOS 워치' 개발, 보급, 상용화 추진으로 국내 중소기업 기술이전을 통한 혁신성장 산업창출 지원 및 전파활용 안전기술 상용화의 발판을 마련하였다. 그 결과 제9회 대한민국 지식대상 '국무총리상'을 수상하고, 국정감사 시에 "대국민 공공서비스의 품질을 강화한 좋은 사례"로 선정되었다.

③ 국토안전관리원: 현장중심 제도도입을 통한 건설사고 감축

■ 개요

국토안전관리원은 건설사고 감소를 위한 정부의 다양한 정책 추진에도 불구하고, 전체 산재 사망자 중 절반이 여전히 건설현장에서 발생하여, 사고 예방을 위한 선제적인 대응체계 마련이 필요함에 따라 '현장중심 제도도입을 통한 건설사고 감축' 사업을 추진하였다.

■ 추진 계획 및 내용

국토안전관리원이 도입한 현장중심 제도는 2가지이다. 첫째, 건설현장 위험요소 사전알림 서비스의 제공이다. 이를 위하여 국토안전관리원이 축적한 건설사고, 실시설계, 안전관리계획 정보를 분석하여 건설공사 위험공종별 위험요소 프로파일링 실시한다. 안전관리 우수 민간 건설사, 공공 발주기관과 협업하여 위험요소 프로파일을 고도화하였다. 건설공사 안전관리 종합정보망(CSI) 내 사고경고 자동알림 시스템을 구축하여, CSI에 기제출한 안전관리계획에 따른 현장별 위험공종 기간을 기준으로 공종별 위험요소 및 사고예방대책을 문자로 자동 발송하였다. 사전 알림 서비스는 위험공종뿐 아니라 자연재해 예상지역 내 건설현장을 대상으로 확대되어 안전관리 및 예방대책 정보를 제공할 수 있게 되었다.

둘째, 국민참여 건설현장 아차사고 신고제의 도입이다. 기존 건설공사 참여자에 국한되었던 신고주체를 대국민으로 확대하였다. 관리원은 아차사고 신고제도를 운영하고, 국민은 아차사고를 신고하며, 지방자치단체는 신고현장을 조사하는 협업체계를 고도화하였다.

■ 추진 성과 및 향후 계획

'사고경고제'의 도입 후 전년동기 대비 사고 약 10% 감축하는 성과를 거두었다. 관리원은 위험공종별 위험요소 알림서비스 3,823건을 제공하고, 자연재해 대비 안전관리 서비스를 27,766건 제공하였다. 뿐만 아니라, 아차사고 신고 확대를 통해 아차사고 143건을 발굴 및 조치하여 건설사고를 예방하였다.

④ 국립공원공단: 멸종위기생물종 복원 및 공존노력을 통한 생태계 건강성 회복

■ 개요

국립공원공단은 멸종위기생물종의 복원 및 공존노력을 통해 생태계 건강성을 회복하기 위한 사업을 추진하였다. 이를 통해 생물다양성 감소와 생태계 기능 쇠퇴로 인한 생태계건강성의 하락을 방지하고, 멸종위기종 복원을 통한 생태축 복원과 생물다양성을 보전하였다. 또한 자연자원 보전 중요성에 대한 국민 인식을 제고하고 공존을 위한 노력을 통해 지속 가능한 생태 복원사업 모델을 제시하였다.

■ 추진 계획 및 내용

국립공원공단은 멸종위기종의 보전 강화를 위하여 효율적인 개체관리 및 적극적인 서식지 관리로 복원사업 안정화를 추진하였다. IoT 기반 지능형 야생동물 위치관리시스템 도입으로 복원종과 지역주민 충돌 등 돌발 상황에 대비한 신속 대응 체계를 마련하고, 유전자 분석을 통한 복원사업 기초 데이터를 확보하였다. 그리고 위스콘신 대학 넬슨 환경연구소, 국립생태원 등 전문기관과 협업 연구를 통해 반달가슴곰 보전 평가 항목을 개발하였다.

또한, 지방자치단체, 학계, 시민단체로부터 의견을 수렴하여 2단계

복원계획에 반영하였다. 지방자치단체, 지역주민 참여 불법엽구 수거 (137회 685점), 시민단체 및 전문가 참여를 통한 공동조사 실시(반달가슴곰 등 야생동물 14종 서식정보 확보), 지역주민 대상 명예 보호원 발족·운영을 추진하였으며, 지역주민 간담회(46회) 개최를 통해 소통을 강화하고 복원사업 이해도를 증진하였다.

멸종위기종−지역특산품 연계 공동개발 및 복원사업 브랜드화로 소득창출 지원, 미래세대 대상 복원사업 애니메이션 홍보 영상 제작·배포, 탐방체험 키트 제작·배포 등을 통해 대국민 홍보와 교육도 추진하였다. 그 결과, 복원사업 인식도 조사 및 경제적 가치 평가(여우 복원사업)에서 경제적 가치는 약 6,362억 원, 복원사업 계속 추진 설문 결과는 90.3%로 높게 나타났다.

■ 추진 성과 및 향후 계획

멸종위기종 복원사업을 통해 복원개체 69마리 중 4마리가 지리산 외부 서식지로 확대되었고, 개체군 확보 중심의 사업에서 서식지 관리 중심의 복원 사업으로 전환되는 성과를 보였다. 또한 반달가슴곰 브랜드 성공을 통한 주민 주도 복원사업의 활성화로 인간−곰 공존문화가 조성되는 성과가 나타났다. 공존문화 조성을 통한 국립공원 멸종위기종 복원사업 긍정적 인식이 2016년 60.2%에서 2020년 77.0%로 상승하였고, 지리산권 공동브랜드 인지도 및 만족도도 2019년 93.4점에서 2020년 96.0점으로 향상되었다. 게다가 밀렵 감시, 엽구 수거 등의 지역주민 복원사업에 자발적 참여가 증가하였다.

⑤ 한국디자인진흥원: Zero Waste, 재사용이 가능한 전시모듈 운영

■ 개요

한국디자인진흥원은 전시관 운영시 1회성 전시부스 제작으로 인한

환경문제가 대두되면서, 재사용이 가능한 전시모듈의 제작 및 운영을 추진하였다. 기존에 전시회 이후, 대부분의 전시 부스는 재사용되지 못하고 폐기물로 처리되고 있었다. 따라서 진흥원은 재사용이 가능하고 이동과 보관에 용이한 전시부스를 제작하여 예산절감과 환경문제를 해결하고자 하였다.

■ 추진 계획 및 내용

진흥원은 재사용이 가능한 전시모듈을 사용하여 DKfestival을 개최하였다. 기존의 전시부스 신규 제작·운영 시 부스당 약 2,000~3,000만 원의 예산이 소요되었으나, 전시모듈 사용으로 부스당 약 500~1,000만 원이 소요되어 예산을 절감하였다. 또한 기존에 도료 및 접착제를 사용하여 제작한 전시부스는 재사용이 어려워 대부분 폐기물로 처리되었으나, 전시모듈은 무도료·무접착제로 제작하여 친환경적이며 분리와 보관이 용이하게 만들어 전시회 개최 마다 재사용이 가능하도록 하였다.

게다가 전시모듈 사용으로 전시회 준비 기간이 단축되어 운영의 효율화를 도모하였다. 기존에 신규전시 기획부터, 부스 디자인 및 설계, 부스 제작 및 설치 등 여러 단계를 거쳐 약 2~3주의 기간 동안 전시회를 준비하였다면, 신규전시 기획 이후 전시모듈 조립 및 설치 과정에서 소요기간을 약 1주 내외로 대폭 단축하는 성과를 거두었다.

■ 추진 성과 및 향후 계획

전시회 개최 이후 발생하는 전시폐기물 대폭 감축하여 친환경 전시회를 확립하였다. 향후 전시모듈 사용을 신규전시회로 전면 확대할 예정이다.

5) 상생·협력 및 지역발전, 동반성장

① 중소벤처기업진흥공단: '디지털리빙랩' 추진

■ 개요

중소벤처기업진흥공단은 시민 참여기반 지역상생 프로그램인 '디지털리빙랩'을 추진하여 본사 이전지역의 발전과 활성화를 도모하였다. 지역사회와의 협력과 시민 참여를 기반으로 '디지털리빙랩'을 통해 지역사회의 과제를 발굴하고 문제를 해결하고자 한 것이다.

■ 추진 계획 및 내용

공단은 지역청년, 사회적기업, 대학과의 협력체계를 구축하고 지역현안을 해결할 수 있는 '디지털리빙랩'을 추진하였다. 리빙랩은 삶의 현장 곳곳을 실험실로 삼아(Living-Lab) 지역문제를 해결하는 사회혁신 방법론을 말한다. 공단은 디지털 리빙랩을 추진하기 위하여 의제 및 프로젝트 관리, 리빙랩의 운영 및 관리를 주도하였다.

특히 공단이 이전한 진주시가 지방자치단체 최초로 무장애도시조성 조례를 공포함에 따라, 공단은 '교통약자를 위한 이동여건 개선으로 진주 무장애 도시 조성'을 과제로 선정하였다. 이에 따라 국가균형발전위 소속위원을 자문교수로 섭외하고, 대학사회책임센터와 협력하여 커리큘럼 설계 및 비교과과정 개설로 전문성 확보하고자 하였다. 서류심사와 면접을 통해 혁신 활동가인 지역대학생 30명을 선발하여, 수행력 높은 사회적경제기업과 매칭을 통해 실행력을 제고하였다. 그리고 지역청년이 현장에서 개인별 비대면방식으로 과제를 수행해 나가며, 사회적경제기업이 과제에 필요한 기술을 제공함으로써 무장애 여행 컨텐츠를 개발하였다.

■ 추진 성과 및 향후 계획

'디지털리빙랩'에서는 무장애 여행코스, 무장애 지점을 책자로 만들어 지역사회에 배포하고, 무장애 여행 앱을 제작하는 등 성과물을 지역사회에 환원하였다. 또한 무장애지점의 발굴, 무장애여행 코스개발 등 무장애도시조성에 기여함에 따라, 2020년 11월, 지역사회공헌 인정제 우수사례로 선정되어 보건복지부 장관상을 수상하는 성과를 거두었다.

② 한국농수산식품유통공사: 중소식품기업과 청년의 동반성장을 꿈꾸다

■ 개요

한국농수산식품유통공사는 코로나19의 위기 속에서 국내 식품기업은 인재가 부족하고, 청년은 일자리가 부족한 것에 주목하였다. 농림축산식품부 발표에 따르면 국내 식품기업의 81%가 고용인원 5인 미만의 영세기업으로 마케팅의 필요성은 느끼지만 사실상 여력이 없는 것이 현실이다. 이처럼 영세기업은 유능한 인재를 확보하기 어려운 상황이지만, 열정과 능력을 갖춘 청년들은 역량을 발휘하거나 체험할 수 있는 일자리가 매우 부족하다고 느끼고 있다. 따라서 한국농수산식품유통공사는 디지털 분야에 능숙한 청년들이 영세식품기업에서 실무능력을 발휘할 수 있는 기회를 마련하고자 하였다.

■ 추진 계획 및 내용

한국농수산식품유통공사는 청년들에게 식품교육 및 디자인 교육과 기업 현업을 체험을 통해 실무능력을 향상시킬 수 있는 기회를 제공하고, 전문인력이 부족한 식품기업에게 청년들의 아이디어를 활용하여 기업가치를 높이는 상생협력 사업으로 '농식품 청년 스토리텔링 디자인단'을 조직화하였다. '농식품 청년 스토리텔링 디자인단' 사업의 추진과정은 아래의 표와 같다.

표 22 식품 청년 스토리텔링 디자인단 추진 프로세스

디자인단 모집	청년-식품기업 매칭	디자인 · 마케팅 컨설팅	시제품 출시
홍보 스토리텔링(9팀) 디자인(2팀),브랜딩(4팀)	식품기업 애로사항 파악 디자인 및 마케팅 방안 구상	전문 컨설팅 기관 선정 - 참가팀 교육 및 자문	소비자 테스트 및 의견반영 지적재산권 식품기업 인수

'농식품 청년 스토리텔링 디자인단'에 참여한 청년들은 디자인 · 마케팅 실무교육을 시작으로 시제품 제작, 중간발표회, 컨설팅사 자문, 기업 제출 및 보완 등을 진행하였다. 그러나, 디자인단에 참가한 청년들이 소비자를 사로잡을 디자인 · 홍보 방안을 구상하는 것이 쉽지 않았다. 이에 한국농수산식품유통공사는 식품기업 현직자의 전문 멘토링 아래 청년들의 아이디어를 현업에 적용시킬 수 있도록 다듬고, 멘토들이 기업과 청년의 의견을 조율할 수 있도록 지원하였다. 또한, 청년들이 작업한 CI/BI, 포장 디자인 등은 상표권 출원을 지원하여 기업의 사업활동을 보장하였으며, 이를 통해 코로나19로 어려움을 겪고 있는 영세식품기업이 유명 백화점과 온라인 쇼핑몰에 입점하여 판로를 확대하는 데 기여하였다.

■ 추진 성과 및 향후 계획

'농식품 청년 스토리텔링 디자인단'은 15개 식품기업과 44명의 청년들이 참가하였다. 본 사업을 통해 청년들은 제품 생산부터 판매까지 현업을 체험하였고, 기업은 신선한 아이디어를 제공받아 사업화함으로써 식품기업과 청년 간 상생협력 플랫폼이 마련되었다. 식품기업

과 청년 간의 상생협력 플랫폼은 향후 식품분야 청년 일자리 창출과 창업 아이템으로의 활용이 기대된다.

향후 한국농수산식품유통공사는 '농식품 청년 스토리텔링 디자인단'의 참여대상을 2배 확대할 예정이다. 타 산업에 비해 일자리 창출 효과가 큰 식품산업에 진출할 유망 인재를 양성하고, 식품기업의 성장을 지원하여 식품산업 내 청년과 기업이 함께 성장할 수 있는 지원 사업으로 자리매김할 수 있도록 고도화할 계획이다.

③ 한국산림복지진흥원: 숲관광 모델개발을 통한 지역경제 활력제고

■ 개요

한국산림복지진흥원은 지역연계 숲관광을 통한 민·관 상생협력을 추진하였다. 정부는 지역문제 해결과정에 공공기관 간 협업을 강조하고 있으며, 지역에서는 지역관광 침체로 산촌주민과 전통시장 소상공인의 소득이 지속적으로 감소하고 있는 추세이다. 게다가 코로나19의 확산으로 지역사회 관광산업이 침체되고 있으나, 자연친화·청정지역 관광수요는 지속적으로 증가하고 있다. 따라서 진흥원은 숲관광 모델개발을 통해 지역경제의 활력을 제고하고자 한 것이다.

■ 추진 계획 및 내용

한국산림복지진흥원은 우선, 숲관광 민간사업자 발굴·지원으로 지속가능한 숲관광 모델 상품화를 기획하였다. 권역별로 지역기반 숲관광 콘텐츠를 개발·운영하는 사회적기업을 발굴하고, 숲관광 코스 기획·운영 사업화 자금을 지원(기업당 최대 1천만 원 지원, 11개 숲관광 모델 개발·운영)하였다. 그리고 숲관광 운영자의 역량강화를 위한 현장평가·컨설팅, 국민참여를 통한 모니터링 및 피드백을 지원하였다.

한편, 산촌 관광자원 활성화를 통한 관광객의 지역유입을 가속화하였다. 코레일과 연계한 숲관광 '기찻길옆 숲여행' 추진으로 지역 산림관광 활성화에 기여하였다.

■ 추진 성과 및 향후 계획

한국산림복지진흥원은 지역자원과 산림복지 시설 연계 등을 통해 사회적기업, 소상공인 등 산촌지역 소득을 창출하였다. 소득 및 지역사회 매출액은 2019년 132백만 원에서 2020년 746백만 원으로 급증하였다. 게다가 공공기관 간 협업을 통한 산림복지서비스와 연계로 인하여 다양한 관광콘텐츠가 개발되고 지역 경제 활성화의 기반이 마련되었다. 이를 통해 숲관광 이용객도 2019년 750명에서 2020년 2,623명으로 급증하였다.

6) 윤리경영

① 국민건강보험공단: 부패방지시스템 상시가동

■ 개요

국민건강보험공단은 「부정청탁 및 금품 등 수수의 금지에 관한 법률」의 제정으로 뇌물 및 부패 방지에 대한 정책이 강화됨에 따라, 국제표준에 부합하는 부패방지경영시스템(ISO 37001) 도입 및 인증을 통해 최고 수준의 청렴성을 확보하고 부패위험요소를 사전 발굴·차단하는 등 구체적 실행방안을 제시하여 국민 신뢰도를 제고하고자 하였다.

■ 추진 계획 및 내용

국민건강보험공단은 2018년부터 각 부서에서 자체 추진하던 정보화사업을 정보화본부로 통합 추진하여 사업 중복을 방지하고 그동안

PC 등 사무기기 구매만 조달청으로 발주하였으나, 2019년부터 통합 유지관리, 행정지원시스템 구축사업을 조달청으로 발주하였다. 중복 투자 방지, 정보화사업 심의조정(3단계) 내용의 '정보화추진'에 관한 지침 제정 등 규정을 강화하고, 계약관련 제 규정을「계약사무규칙」으로 일원화하여 업무 혼선을 막고 관리의 통일성을 기하고 있다. 제안서평가위원회는 위원장을 현장에서 호선하고, 외부위원을 5명에서 7명으로 확대하고, 회의록을 공개하는 등 운영기준을 강화하였다. 한편, 내부감사는 업무별 취약분야에 대한 사전·사후 모니터링으로 사전예방 중심의 감사로 전환하였고, 시간과 장소에 구애받지 않고 근본원인을 규명하는 문제해결 중심의 감사활동을 수행하고 있다. 법인카드 모니터링, 방만경영 예방 자율점검, 내부자율점검(CSA) 등 체계적인 내부점검시스템 가동 등으로 직원의식을 내재화하는 노력을 기울였다. 또한, 신분노출의 위험 없이 익명으로 비위행위를 제보할 수 있는 반부패시스템 '헬프라인' 운영을 활성화하고 있다.

그리고, 국제표준 부패방지경영시스템(ISO37001)을 구축하였다. 본부 전 부서 조직진단을 통해 부패리스크를 평가(186건 위험요소 식별)하여 중간 이상 리스크(4건)는 추가통제하고, 부패방지 전담직원을 지정(28명)하여 운영중이며, 내·외부 심사에서 도출된 개선사항은 완료하였다. 매년 인증심사 및 정기적 갱신심사를 통해 부패방지시스템을 지속적으로 개선해 나가고 있다.

■ 추진 성과 및 향후 계획

국민건강보험공단은 국민권익위원회가 주관하는 청렴도 평가에서 공직유관단체(202개) 최초로 6년 연속 최상위기관을 달성하고 부패방지시책평가도 1등급을 달성하였다.

비대면 감사시스템 및 감사방법에 대하여 '스마트감사시스템' 특허를 획득하였으며, 뇌물수수금지, 법령, 규정 등 준수, 부패방지경영 시스템 지속 개선을 위한 부패방지방침을 제정하고, 국제표준의 부패방지경영시스템(ISO37001) 인증을 획득하여 대내적으로 부패 방지 프로세스를 표준화하였으며, 대외적으로 윤리·투명경영 기관임을 인정받았다.

② 농림식품기술기획평가원: 국민 참여 배심원단 운영으로 '투명하고 공정'한 농식품 기술개발 추진

■ 개요

농림식품기술기획평가원은 국민 참여 배심원단을 운영하여 농식품 기술개발을 추진하고 있다. 최근 국가연구개발사업의 선정, 추진 등에 국민의 참여율을 높여 체감도가 높은 결과를 도출할 필요성이 지속적으로 제기되고 있다. 또한, R&D 연구 추진은 대부분 전문가 중심으로 진행되어 선정 또는 평가 과정에서의 공정성 및 투명성에 대한 신뢰도의 문제가 대두되었다. 이에 평가원은 국민 참여 배심원단을 운영하여 투명하고 공정한 농식품 기술개발을 추진하게 되었다.

■ 추진 계획 및 내용

농림식품기술기획평가원은 기관 홈페이지 공고 등을 통해 농식품 분야 R&D에 관심이 높은 배심원단을 공개 모집하였다. 이에 2020년 60명을 위촉하였으며, 경력 보유여성, 지역거주자 등에게는 가산점을 부여하여 사회적 가치 실현에 기여하였다.

국민 관심도가 높은 농식품 분야 R&D과제 및 기술인증제도 등의 추진과정(R&D평가, 인증심사 등)을 모니터링 할 수 있도록 배심원별 연구과제를 매칭하고, 참관 배심원은 의견서를 작성하여 제출하는 과정을 거쳤다.

■ 추진 성과 및 향후 계획

농림식품기술기획평가원의 국민 참여 배심원단은 2020년도 정부혁신 컨설팅 대상과제로 선정되어 'NEW 국민자문 R&D 배심원단'으로 개편하여 배심원단의 역할이 확대되었다. 기존에 배심원단이 1과제당 1~2인의 참관과 모니터링을 실시하였다면, 개편으로 1과제당 5~6인이 참관하고 평가 대상과제에 대한 의견을 개진하게 되었다. 평가원의 배심원단 사업은 우수 국민 참여 모델 구축 및 전부처 혁신 사례로 발전·확산하기 위해 행정안전부 주관 정부혁신 컨설팅을 추진하기도 하였다. 그 결과 평가 공정성 등 농림축산식품 R&D 평가 모니터링 만족도에서 '매우 우수(90점)'을 획득하고, 행정안전부 정부혁신과제 대표사례로 선정되었으며, 농림축산식품부 장관상을 수상하였다.

③ 우체국금융개발원: 공공기관의 윤리적 책임 준수로 비위행위 발생 Zero

■ 개요

우체국금융개발원은 국영금융 공공기관으로서 국민의 신뢰 제고를 위한 공정하고 청렴한 윤리경영체계를 확립할 필요에 따라 비리행위 발생을 줄이기 위한 노력을 기울였다.

■ 추진 계획 및 내용

우체국금융개발원은 PDCA 프로세스에 의한 국제수준의 부패방지 경영시스템(ISO37001) 인증 유지를 추진하였다. 또한, 이해충돌 방지 인식 확산 및 취약분야 제도 개선을 시행하였다. 이를 위하여 임직원 이해충돌 자가진단제 실시 및 서약, 교육을 시행하였다. 그리고 보험금 지급심사 담당자 및 직계 존비속의 보험금 청구 자진신고를 통해 업무 회피로 보험금 지급심사업무에 대한 이해충돌방지 제도를 보완하였다.

회계의 투평성을 위하여 전문성 강화 및 시스템 개선 등 내부회계 처리와 예산집행 점검을 강화하였다. 그리고 청렴교육, 반부패 퀴즈, 룰 챔피언, 제도 공모 등을 통해 전직원 참여의 청렴문화 정착을 추진하였다.

■ 추진 성과 및 향후 계획

그 결과, 우체국금융개발원은 부패방지경영시스템의 국제 표준 ISO37001 인증을 유지하였다. 또한 이해충돌방지, 갑질 근절, 투명성 제도, 청렴문화가 확산되어 부패행위 발생이 없었다.

④ 한국무역보험공사: 최우수 청렴 모범기관

■ 개요

한국무역보험공사는 최우수 청렴 모범기관으로서 UN 산하 단체인 UN글로벌콤팩트로부터 LEAD 회원사로 선정되고 반부패 어워드를 획득하였다. 청렴 선도 공공기관으로서 민간·공공부문 청렴문화 확산 역할이 기대되는 가운데, 지속가능한 윤리경영 시스템 구축으로 청렴 모범기관의 위상을 강화하였다.

■ 추진 계획 및 내용

한국무역보험공사는 국민권익위원회 청렴컨설팅 멘토기관(청렴도 최우수 기관 중 선정)으로 참여하여, 공공부문의 청렴문화 확산 및 공공기관 청렴도 향상에 기여하였다.

글로벌 준법·윤리경영 스탠다드를 선도적으로 이행하기도 하였다. 국제 반부패 시스템 표준인 ISO37001 도입과 인증을 추진하였고,

UNGC(유엔글로벌콤팩트) 반부패 및 인권 실무단 공동의장을 수행하였으며, OECD 뇌물방지협약 이행·준수로 무역보험 지원 수출거래에 부패 개입 가능성을 차단하였다.

이 밖에도, 윤리경영 실현을 위한 시스템 구축을 위해 노력하였다. 중장기 윤리경영 전략 수립으로 지속적인 청렴도 창출기반 마련하였으며, 청탁금지법 등 외부 기준보다 강화된 내용의 윤리 관련 내규를 운영하였다. 또한 사전예방중심의 내부견제시스템 구축, 내부통제실무위원회 운영 등 준법감시 기능을 강화하였다.

인권존중·청렴 조직문화 정착을 위한 노력도 강화하였다. 글로벌 스탠다드(IFC, World Bank 기준)에 부합하는 주요사업 인권영향평가 실시 및 사내 인권 침해구제 절차를 구체화하였다. 대내외 인권존중 문화를 조성하기 위하여 K-SURE 상호 존중의 날, 유관기관과의 반부패·인권경영 MOU를 체결하였다. 그리고 임직원행동강령 숙지도 테스트, 가상청렴훈련, 생애주기·업무특성별 청렴교육, 청렴 슬로건 공모전 개최를 통해 청렴의 내재화를 추진하였다.

■ 추진 성과 및 향후 계획

한국무역보험공사는 2020년 국민권익위원회 청렴컨설팅에 참여하고, 청렴도 저조 공공기관의 멘토링을 실시하여 멘티 기관(예금보험공사, 한국관광공사, GKL)의 청렴도 상승에 기여하였다. 그리고 인권·노동·환경 등 지속가능경영 선도기업으로 인정받았으며, 유엔글로벌콤팩트 LEAD 회원사로 선정되었다. 게다가 반부패 시스템 구축 및 투명경영 활동을 인정받아 유엔글로벌콤팩트로부터 반부패 어워드를 수상하는 성과를 거두었다.

⑤ 한국우편사업진흥원: 열린 참여형 인사제도와 직원의 경력개발 기회 제공

■ 개요

한국우편사업진흥원는 상담직 여성 인력에게 다양한 경력개발이 가능한 지속가능한 일자리를 제공하였으며, 경력단절 여성 등 내부 여성직원들을 위한 다양한 직무경로를 설계하였다. 그리고 연공 중심의 보직자 임명을 탈피하고 하위 직급 직원들이 부서장으로 활동할 수 있는 능력 중심의 열린 기회 제공으로 직원 주도의 경력관리 기회를 제공하였다.

■ 추진 계획 및 내용

한국우편사업진흥원 전 직원의 차별없는 참여를 보장하고 내부공모를 통한 인사제도 운영으로 조직의 유연성을 강화하였다. 그 내용은 다음의 표와 같다.

표 23 인사제도의 변화

구분	세부내용
① 부서장 직위 공모제	• 연공 중심의 보직자 임명을 탈피한 '부서장 직위 공모제' 운영 (총 3회, 10개 부서장 직위) ※ 全 직군/직급 지원가능(재직 5년 이상 또는 이에 상응하는 경력자) - (동기부여 제고) 하위직급 직원들의 부서장 직위 수행 동기부여를 위한 인센티브 부여(보수 추가지원* 등) * 하위직급 부서장에 한하여 지급 [직무급(기본연봉의 5% 해당 금액)의 300% 지원] - (공정한 선발 절차 운영) '서류전형 ⇨ 역량 · 면접전형(감사실 평판조사 별도 운영) ⇨ 인사위원회' 절차를 통한 적격자 선정

② 직무 공모제	• 유연한 인력운영과 직원 주도의 경력관리 기회 제공을 위한 '직무 공모제' 운영(전자상거래지원센터 쇼핑MD) - (기관 및 개인 성과 제고 추진) 지역경제 활성화를 위한 전략상품 발굴 등 우체국전자상거래 활성화 추진 및 개인의 역량 제고 강화 기반 마련 - (지원절차 간소화) 직원 주도의 경력관리 기회 부여를 위한 '직무 공모제' 취지에 따라 역량 · 면접전형 절차 생략 ⇒ 직무 수행 교육 강화
③ 전임/일반사무 직위제	• 직무 · 직위 전문성 향상 및 직원 경력개발 경로 제공 등을 위한 '전임 및 일반사무 직위제' 운영 (직군/직무 간 벽을 허무는 인사혁신 강화) - (직위선정위원회) 직위 선정 및 보수 설정(동일노동-동일임금)에 대한 공정성 제고 - 전임직위 및 일반사무직위 선정 내역(총 6개 직위 7명)
④ 인사 교류제	• 우수인재 육성을 위한 '인사교류제' 추진 - (3자 인사교류 추진) 우정사업 유관기관 간 상호협력을 통해 업무 노하우 및 운영 프로세스 공유, 인력운영 효율성 제고, - (동기부여) 공무원 교류 인센티브 기준 준용(교류수당 월 55만원 등)

또한 동일 직무에 대한 차별요소를 해소하기 위해 직군 명칭을 변경하였는데 자세한 내용은 다음의 표와 같다.

표 24 직무 직군별 차별요소 해소를 위한 노력

구분	세부내용
직군 명칭 변경	• 무기계약직에서 전문직으로 명칭 변경, 관련 규정 개정 후 적용
차별없는 인사제도	• 직무에 따른 직군체계 정비, 직군별 승급, 평가, 승진 체계 등 마련으로 정규직과 차별없는 인사체계 구축
동일한 복리후생	• 기존 정규직과 동일한 기준으로 복지포인트 지급 • 중식 보조비 지급, 신분증 제공, 동일한 교육제도 운영, 휴게공간 개선 및 리모델링 제공

■ 추진 성과 및 향후 계획

한국우편사업진흥원은 이러한 사업을 통해 기관 최초로 전문직 직군 내 팀장 보직자 3명(여성 2명, 남성 1명)을 발령냈다. 이는 인사혁신처의 인사혁신 우수 사례 유공 표창을 수상하는 성과를 거두었다.

또한 물리적·심리적 스트레스 취약계층인 전문직(환경, 상담) 대상 휴게실, 헬스키퍼실 등 환경개선으로 전문직원 만족도 및 이직율을 감소시켰다. 2020년 상담사 이직률 0.8%를 달성하고 고용노동부의 차별없는 일터 우수사례 공모전 최우수상을 수상하였다.

7) 주요사업 내재화

① 국민체육진흥공단: 코로나19로 피해를 입은 스포츠 영세기업의 고용창출

■ 개요

국민체육진흥공단은 코로나19로 피해를 입은 스포츠 영세기업의 고용 창출을 위한 대체사업 개발에 노력을 기울였다. 실제 코로나19의 영향으로 다수의 실내체육시설이 휴업·폐업하였고, 매출이 급락하여 관련 분야의 일자리가 급격히 감소하였다. 게다가 체육시설·방과후 스포츠교실 폐쇄, 체육강습 중단으로 생활체육강사의 고용환경이 악화되었다.

■ 추진 계획 및 내용

국민체육진흥공단은 코로나19 감염 확산에 대응하여 비대면 스포츠코칭 대체사업을 추진하여 스포츠강사의 일자리를 보존하였다. 비대면 스포츠코칭 대체사업의 첫 번째는 비대면 스포츠코칭 플랫폼의 개발이다. KT·아프리카TV·㈜배턴터치 등과 협업하여 요가, 태권도, 피트니스 등 민간 체육교습업체가 스포츠 콘텐츠를 제작·운영·판매하는 온라인 스포츠코칭 포털('KEEPFIT', keepfit.co.kr)을 구축하였다. 그리고 실감미디어 기술(21개 카메라의 매트릭스 뷰 기술과 5G 네트워크를 활용, 운동모습과 특정자세 입체적 전달)을 활용할 수 있는 스튜디오를 무료로 개방하여 강의 수강과 VOD 판매수익을 창출할 수 있도록 지원하였다. 두 번째는 비대면 스포츠코칭 관련 영상분석, 콘텐츠 제작·관리, 플랫폼 활용 등을 다룰 수 있는 피트니스테크 전문인력의 양성을 확대하였다. 세 번째는 태권도·요가·필라테스 등 영세 체육교습업주들이 비대면으로 교습방식을 전환할수 있도록 교육과 사업의 재설계를 지원하였다. 마지막으로 코로나19의 영향으로 폐업한 영세체육시설업의 재창원 지원 계획을 수립하여, 폐업시설의 신속한 재기를 도왔다.

이 밖에도 공단은 생활체육의 핵심인력, 생활체육지도자의 정규직 전환을 결정하고 고용환경을 개선하였다. 생활체육지도자 고용실태 조사, 심층인터뷰(12회) 및 체육단체협의체·문화체육관광부와의 협의로 전국 3,700명 생활체육지도자의 정규직 전환을 확정하고, 월급여를 평균 6.2% 인상하여 고용안정을 도모하였다. 또한 공공체육시설·방과후 스포츠교실 등의 폐쇄에 따른 생활체육강사의 고용공백을 최소화하기 위해 온라인 스포츠코칭, 운동영상 제작 등의 대체일자리를 발굴하고, 방역지침에 따른 소규모강습, 학교시설을 활용한 지역주민강습을 개최하여 약 1만 명의 일자리를 창출하였다.

■ 추진 성과 및 향후 계획

국민체육진흥공단의 비대면 스포츠코칭 전문인력 양성 사업은 대통령직속 일자리위원회의 2020년 우수사례 선정되었다. 또한 일자리지원센터의 일자리 잡매칭과 같은 일자리 지원사업은 중소벤처기업부의 중소기업지원평가에서 우수한 평가를 거두었다.

향후 비대면 스포츠코칭 수요증가에 대응하기 위하여 공단은 피트니스테크 관련분야 인력양성을 확대할 계획이다. 이와 더불어 영세체육시설의 비대면 사업전환과 운영역량 교육강화로 일자리를 확보하고, 폐업한 체육시설업주를 대상으로 재창업 지원 및 트레이너 신규고용 지원금을 지급할 예정이다.

② 소상공인시장진흥공단: 폐업소상공인 재기 경로 구축을 위한 '스타벅스 민관 협업'

■ 개요

소상공인시장진흥공단은 스타벅스와 민관 협업을 통해 40대의 재기를 꿈꾸는 폐업소상공인을 대상으로 바리스타 교육을 실시하고, 카페 재창업 및 취업을 지원하였다. 소상공인 중 임금근로자로 전직을 희망하는 경우에 나이, 기업의 인재상과 괴리로 취업이 어려운 것이 현실이며, 중장년층의 취업문제는 인구구조상 실질적 난제이다. 소상공인시장진흥공단은 민관협력을 통해 취업 가능 기업을 먼저 발굴하고 기업연계 특화교육을 실시하여 채용이 이루어질 수 있도록 지원하였다.

■ 추진 계획 및 내용

소상공인시장진흥공단은 중소벤처기업부와 스타벅스커피 코리아의 '자상한기업' 업무협약 체결을 지원하고, 스타벅스 바리스타 교육자원자 및 채용지원자를 선발하였다. 스타벅스 코리아는 창립 이래, 창업자에 대한 컨설팅을 지원한 바 없으며 직원 이외의 사람들에게 접객을 허용한 적이 없다. 따라서 본 사업은 사업 개시에 어려움을 겪었다. 그러나 소상공인시장진흥공단은 대한민국 소상공인의 과밀화 등의 상황을 스타벅스 본사에 이해시키는 과정을 통해 사업을 추진하였다.

■ 추진 성과 및 향후 계획

본 사업을 통해 99명의 재기 희망소상공인이 교육을 이수하였고, 28명이 스타벅스 정규직으로 채용되었다. 본 사업의 참가자 만족도 조사결과 93.7%가 만족한다고 응답하여, 참가자 만족도가 높은 것으로 나타났다.

본 사업으로 폐업 소상공인의 재창업과 취업연계 가능성을 확인한 소상공인시장진흥공단은 향후 특화교육 이후 채용하는 '기업연계 특화교육'을 실시하는 취업연계 기업, 지역, 인원을 확대할 예정이다.

③ 한국국토정보공사: 3차원 지하공간정보 구축을 통한 안전사고 예방

■ 개요

한국국토정보공사는 3차원 지하공간정보를 구축하여 안전사고 예방을 위한 노력을 기울였다. 최근 도시개발의 증가, 과거에 매설된 지하시설물의 노후화로 인하여 안전사고가 자주 발생하고 있다. 지하에 매몰된 구조물, 가스, 전기, 통신관로 등을 관리하는 주체가 각각 다르기 때문에, 사고가 발생하면 신속한 대처가 어려운 실정이다. 이러한 문제를 해결하기 위하여 한국국토정보공사는 지하에 구축된 시설물의 종류와 정확한 위치를 한 눈에 확인할 수 있는 지하공간통합지도를 제작하였다.

■ 추진 계획 및 내용

한국국토정보공사는 지하의 개발, 이용, 그리고 관리에 활용할 수 있는 지하공간통합지도를 제작하였다. 기존의 2차원 아날로그 정보를 디지털화하고, 관리주체별로 분산된 지하시설정보를 통합하였다. 그리고 시설물 정보를 3D로 변환하여 굴착정보 및 구조물 등 14종의 지하안전 주제도를 전국 기초지자체의 52%인 119개 구축했다.

굴착정보 및 구조물 등의 위치에 대한 정확도 검증과 개선사업은 현장을 굴착하여 확인하거나 최신기술과 탐사장비를 활용하여 이루어졌다. 향후 변동되는 갱신 정보를 수집하여 즉시 반영할 수 있도록 하였다.

■ 추진 성과 및 향후 계획

한국국토정보공사의 지하공간통합지도 구축, 구조물 위치에 대한 정확도 검증과 개선사업으로 인하여 향후 지하 사고가 발생하면 시설물 종류와 위치에 대한 정확한 파악이 가능해 신속한 대처가 가능하고 사고도 미리 예방할 수 있게 되었다.

한국국토정보공사는 향후 지하정보에 대한 국가 표준을 개발하고 품질 검수체계를 개발할 예정이다. 또한 변동사항을 자동으로 갱신할 수 있는 연구를 추진하여, 국민들의 안전생활 영위에 기여할 계획이다.

④ 한국석유관리원: "언택트 암행검사 및 언택트 소비자신고 제도 운영"

■ 개요

한국석유관리원은 코로나19 확산에 대응하여 언택트 암행검사 및 언택트 소비자신고 제도를 운영하였다. 기존에 한국석유관리원은 불법석유 유통 근절을 위해 석유제품 공급자 및 사용자를 대상으로 양방향 관리체계를 운영하고 있었다. 공급자는 주유소 등의 석유사업자로, 검사원이 주유소 등 석유판매업소를 방문하여 수시로 석유제품 품질검사를 실시한다. 사용자는 운전자 등 석유소비자로, 석유제품의 품질이 의심될 경우 소비자가 해당시료 샘플을 채취한 후 분석을 의뢰하면 품질검사를 실시한다. 그러나 관리원의 점검 망을 회피하는 지능형 불법행위가 증가하였으며, 코로나19 감염 확산으로 대면접촉으로 인한 감염에 대한 우려가 커졌다. 따라서 공급자와 사용자를 대상으로 하는 품질관리 운용방식의 변화가 요구되었다. 이에 한국석유관리원은 품질검사와 소비자 신고 제도를 비대면 암행검사 방식으로 운영하여 불법행위에 대한 대응력을 높이고 코로나19의 감염위험을 최소화하고자 하였다.

■ 추진 계획 및 내용

한국석유관리원은 공급자에 대한 언택트 암행검사의 확대를 추진하였다. 소비자를 가장한 암행검사로 관리원의 점검 망을 회피하는 지능형 불법행위에 대한 대응력을 강화하였다. 자세한 내용은 다음의 [표 25]와 같다.

표 25 언택트 암행검사 확대

소비자를 가장한 암행검사로 불법행위 대응력 강화	
검사차량	• (방법) 특수 제작된 비노출차량(승용, SUV 등) 활용한 검사 • (차량) 12개 차종 24대 운영(특허 보유), 주기적 번호판 교체
암행검사	• (암행) 수검업체는 관리원 점검임을 알 수 없는 암행검사 • (비대면) 점검표 작성 등 대면접촉 과정 없이 품질검사 추진
시험분석	• (시험) 차량 탑재 시험기기로 주유 즉시 현장 분석 가능 • (조치) 시험분석 결과 부적합 확인 시 주유소 대면 검사
확대실시	• 감염병 확산 우려 상황, 안전하고 효과적인 검사체계 구축 → 전년 대비 비대면 검사 64% 향상(2,563→4,203업소)

한편, 사용자를 대상으로 언택트 비대면 소비자신고 시스템을 새로 도입하였다. 새로운 제도의 도입으로 국민의 편의성을 향상하고 석유 안전망을 확충하였다. 자세한 내용은 아래의 [표 26]과 같다.

표 26 언택트 비대면 소비자신고 시스템 도입

신규제도 도입으로 국민 편의성 향상 및 석유안전망 확충	
센터방문	• (센터) 관리원 협업 민간정비업소 지정(KIA,BMW 등 11개소) • (지역) 코로나19 급증 지역(수도권) 최우선 도입('20.10월~)
시료채취	• (정비인력) 사전교육 실시(가짜석유 차량피해, 시료채취 방법 등) • (시료채취) 표준화된 절차로 안전하게 차량 샘플 채취
무인보관	• (접수) 관리원 방문 없이 비대면 접수(스마트폰 어플 활용) • (보관) 센터 내 설치된 특수 제작 케비넷에 시료 보관
국민배송	• (배송) 온라인 배송플렛폼 활용, 1인 · 1시료 책임배송 구축 • (참여) 경제활동 희망 국민 배송기회 제공(배송비 관리원 지원)

■ 추진 성과 및 향후 계획

한국석유관리원은 언택트 정책을 추진하여 불법행위에 대한 대응력을 향상하고 검사의 안전성을 높였다. 코로나19가 확산되는 상황 속에서 2020년 전체 주유소 점검업소 중 약 20%를 대상으로 비대면 검사를 실시하였다. 언택트 검사를 확대하여 불법 석유 유통을 차단하고 안전한 석유사용환경을 조성하였다. 시범운영 기간 중 비대면 소비자신고가 총 14건 접수되었으며, 이중 가짜 석유제품을 1건 확인하고 소비자에게 신속하게 안내하여 추가피해를 방지할 수 있었다.

관리원은 향후 비대면 암행검사를 지속적으로 확대할 예정이며, 비

대면 소비자신고 시스템을 수도권 외 지역으로 확대할 계획이다.

⑤ 해양수산과학기술진흥원: 어민과 함께하는 R&D 리빙랩으로 어업현장의 현안 해결

■ 개요

해양수산과학기술진흥원은 해양수산 R&D에 최초로 '리빙랩' 연구개발 방식을 도입하였다. 어업현장에서는 어업인의 고령화, 어가인구의 감소, 그리고 안전사고 발생 등의 문제가 대두되기 시작하였다. 진흥원은 시급한 현안문제를 해결하기 위해서 기존의 R&D 수행방식으로는 한계가 있다고 판단하고, 리빙랩을 통해 어업현장의 현안문제를 해결하고자 하였다.

■ 추진 계획 및 내용

해양수산과학기술진흥원은 어업 현장의 고령화, 안전사고와 같은 사회문제의 해결을 위하여 연구 초기단계부터 보급단계까지 사용자의 의견을 반영하고, 시제품을 제안—점검—체험—적용—개선—검증할 수 있는 리빙랩(Living Lab)을 운영하였다. 그리고 어업인이 체감하는 성과를 창출할 수 있도록 사회정책 및 기술 전문가 등 실무 전문가로 구성된 기술활용 멘토단을 운영하였다.

진흥원은 연구진에게 생소한 리빙랩의 조기 장착을 위하여 ① 부처별 사회문제 해결형 리빙랩 우수사례를 공유하고, ② 리빙랩 전문가 컨설팅을 추진하였으며, ③ 민·관·산·학이 참여하는 리빙랩 교류회를 진행하고, ④ 참여연구원 대상 승선 안전 교육 등을 지원하였다. 또한 리빙랩 수요조사 및 피드백 등 서비스를 제공하는 비대면 온라인 플랫폼을 구축하였다. 한편, 리빙랩을 통한 사용자의 아이디어가 적기에 반영될 수 있도록 '수요반영 패스트 트랙'을 운영하였다.

■ 추진 성과 및 향후 계획

해양수산과학기술진흥원은 해양수산 R&D 최초로 도입된 '리빙랩' 연구개발 방식의 성공적 정착을 위하여 정부부처와 연구책임자, 관리자, 수요자 간 소통·협력체계을 구축하였다. 이러한 지원을 통해 63건의 리빙랩이 운영되었다. 이는 작년대비 125% 증가한 수치이며, 목표치 대비 110% 초과 달성한 수치이다. 또한 안전, 산업환경에 대한 어업인 개선 만족도가 77점으로 목표치 대비 6% 초과 달성되었고, 수산R&D 성과공유제 시스템 구축을 통하여 중소기업 매출 증진과 사회공헌 활동이 연계되었다. 수요 반영 패스트트랙의 경우, 근해 통발어업 조업 시 손가락 끼임·절단 사고 예방을 위한 통발 자동 분리, 모릿줄 터짐으로 인한 부상 예방을 위한 모릿줄 자동 사림장치 개발 등 현업종사자 아이디어를 반영하여 성과를 거두었다.

대다수의 어업종사자들은 신규 장비 구입에 대해 보수적이며 초기 투자에 대한 부담으로 기술개발품 등 연구성과 확산 및 사회적 가치 실현에 한계가 존재한다. 따라서 해양수산과학기술진흥원은 향후 수산 분야 성과공유제 연계 기반을 마련하고, 보조금 사업으로 지정될 수 있도록 중앙부처 담당자가 참여한 리빙랩 교류회를 추진할 계획이다.

3. 공공기관 혁신사례

1) 개요

공공기관의 혁신사례는 '혁신창출'과 '한국판 뉴딜'로 나누어 살펴본다. 혁신창출은 주로 기관이 고유의 자산과 역량, 그리고 기술을 적극 활용한 사례에 주목하였다. 한국판 뉴딜의 우수사례는 보다 장기적인 시각에서 국가산업, 기술 전반의 성장에 기여하며 기관 자체의 업무역량 혁신이 함께 이루어진 사례를 선정하였다.

2) 혁신창출 우수사례

① 국토교통과학기술진흥원: "도시자원 순환형 복합플랜트" 기술 개발 및 실증

■ 개요

국토교통과학기술진흥원은 도시 폐기물을 에너지로 활용할 수 있는 도시자원 순환형 복합플랜트 기술 개발 및 실증을 추진하였다. 대다수의 지역에서 기피시설(변전소, 하수처리 시설, 음식물처리 시설)의 거주지 주변 설치를 반대하기 때문에 기피시설의 설치는 쉽지 않다. 그러나 도시화에 따라 외곽에 존재하던 기피시설의 도심지 편입이 불가피해졌다. 이에 국토교통과학기술진흥원은 도시 발생 폐기물(생활폐기물, 음식물류폐기물, 하수슬러지)을 복합 처리하고 이를 통해 에너지를 생산하여 도시에 재공급하는 건설기술을 개발하고 실증시설의 운영을 추진하였다.

■ 추진 계획 및 내용

국토교통과학기술진흥원은 2016년부터 2020년까지 총연구비 129억 원을 투자하여 도시자원 순환형 복합플랜트 건설 기술을 개발하였다. 도시 발생 폐기물 열병합 고효율 기술, 폐자원 수열탄화 기반 고형연료 및 바이오메탄 등 복합연료 생산기술을 개발하였다. 또한 복합플랜트 사용자 중심의 운영을 위한 ICT 기반 운영기술 및 도시유형별 국내·외 비즈니스 모델을 개발하여 보급이 가능하도록 하였다. 도시자원 순환형 복합플랜트 건설의 자세한 내용은 다음의 [그림 5]와 같다.

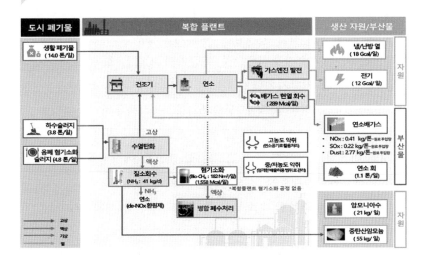

| 그림 5 | 도시자원 복합플랜트 공정도 |

진흥원은 기술 개발에 그치지 않고, 인천 수도권매립지 내 "도시자원 순환형 복합플랜트" 실증시설을 설치하여 인근 퍼블릭골프장(비회원제 대중 골프장)인 드림파크CC 클럽하우스에 열에너지로 공급하였다. 또한 기술 실증 과정에서 국내의 시험기관을 통해 연속운전 성능을 검증하였다.

■ 추진 성과 및 향후 계획

국토교통과학기술진흥원은 실증시설 운영을 통해 에너지 비용 및 폐기물 처리비용 절감, 에너지 자립의 가능성을 확인하였다. 실증시설 운영을 통해 드림파크CC 클럽하우스에서 연간 3.3억 원의 에너지 비용 절감 효과를 확인하였으며, 3가지 폐기물(생활폐기물, 음식물류폐기물, 하수슬러지)을 각각 처리할 때보다 30%의 처리비용 절감 효과가 있음을 확인하였다. 또한, 7천 가구에서 하루에 발생하는 생활쓰레기 14톤, 음식물 쓰레기 4.8톤, 하수슬러지 3.8톤 등 폐기물 22.6톤을 에너지로 전환할 때에 대상 가구의 약 8%인 550가구의 에너지 자립이 가능한 것을 확인하였다. 생활폐기물, 음식물류폐기물, 하수슬러지 3종 복합처리 기술의 개발은 세계 최초이다.

국토교통과학기술진흥원은 3종 복합처리 기술을 향후 스마트시티 조성 사업 및 각 지방자치단체 폐기물 처리 시설 등에 적용을 추진한다. 또한 일부 선진국의 경우 생활폐기물, 음식물류폐기물의 2종 폐기물만 복합처리가 가능하기 때문에, 3종 복합처리 기술을 수출할 경우 해외 비즈니스 모델도 창출도 가능할 것으로 예상된다. 또한 향후 기피시설인 복합플랜트를 지하화하는 후속과제를 추진하고, 폐자원에너지화 기술을 연계한 수소생산 플랜트도 추진할 계획이다.

② 농업기술실용화재단:"염전의 스마트팜화"로 일손난 해소, 청정소금 생산
■ 개요

농업기술실용화재단은 염전의 스마트팜화를 지원하여 염전의 일손부족을 해소하고 청정소금을 생산할 수 있도록 하였다. 재단은 기업을 대상으로 '이전공공기관 연계 육성지원 사업'을 운영하여 농업의 일손부족과 기후변화에 대응문제를 해결하고, 스마트팜 기술의 경쟁력과 사업화 향상을 도모하였다. 특히, 국내 소금산업은 농업과 동일한 문제가 발생하고 다각적인 해결책이 필요하다고 판단하여, 스마트팜 기술을 염전에 적용(염전의 스마트팜화)하는 것을 지원하였다. 염전의 스마트팜화로 생산의 자동화, 효율화, 청정소금 생산이 가능해졌으며, 소금산업을 위협하는 현안을 해결하고 산업 재도약을 위한 성장동력이 제공되었다.

■ 추진 계획 및 내용

농업기술실용화재단은 스마트팜 기술 현장실증 지원으로 스마트팜 기술고도화를 추진하였다. 사업의 추진내용을 살펴보면 첫 번째, 시설원예 환경제어 관련 스마트팜 기술 모색 및 지원이 이루어졌다. 두 번째, 이전기술 적용과 농가 실증으로 현장 활용성이 뛰어난 기술로 기술고도화를 이루었다. 환경 제어 시스템 기술을 농가 현장에 적용하여 문제점을 발굴하고 보완하였으며, 농촌진흥청 원예시설 감시제어 시스템 기술 결합으로 기술수준을 향상시켰다. 세 번째, 스마트팜 기술의 확대적용으로 스마트 염전 시스템을 개발하였다. 염전에 비닐하우스와 환경제어를 도입하여 연중 고품질 소금 생산이 가능해졌고, 중금속 등 불순물 제거 및 운송 자동화 기술로 생산 환경이 자동화되었다. 이와 같은 스마트 염전 시스템 개발 및 현장 적용으로 지속가능한 소금 생산기반이 마련되었다.

■ 추진 성과 및 향후 계획

농업기술실용화재단의 사업은 전체 염전의 75%를 차지하는 전남지역에 시범 적용하여 지역발전 생산기반이 확보되었고, 근로자들의 작업환경 및 노동인권이 개선되었다. 또한 미세플라스틱 없는 안전한 청정 소금 생산으로 소비자의 신뢰도 확보하였다. 이에 정부와 국민이 선정한 국민체감 혁신 우수사례로 선정되었다.

재단은 향후 스마트팜 기술 적용분야를 확대하고 지속성장을 위한 지원 프로그램을 운영할 계획이다. 스마트팜 기술을 포함한 디지털 농업 기술의 타 분야 적용사례를 조사하고, 타산업과 스마트팜 기술의 융합사례 지속 발굴을 추진할 예정이다.

③ 중소기업기술정보진흥원: 중소기업 우수 R&D 혁신제품의 조달 선순환 체계 구축

■ 개요

중소기업기술정보진흥원은 중소기업이 우수한 혁신제품을 개발하고도 판로개척 및 사업화 성과 창출에 어려움을 겪는 문제를 해결하기 위하여, 중소기업 우수 R&D 혁신제품의 조달 선순환 체계 구축을 지원하였다. 기존의 공공 조달시장은 검증된 기성제품의 구매, 경쟁입찰 위주의 조달 관행 등으로 인하여 신규 기술을 보유한 중소기업이 진입하기에는 어려움이 있었다. 선진국의 경우 공공조달을 적극 활용하여 차세대 유망산업 집중 육성하고 있다.

■ 추진 계획 및 내용

'우수연구개발 혁신제품 제도'는 중소기업 R&D 지원으로 개발된 우수한 제품이 공공부문 구매로 이어질 수 있도록 우수연구개발 혁신제품을 지정하는 것이다. 혁신제품으로 지정되면 공공기관에서는 경쟁입찰 대신 수의계약이 가능해져서 중소기업의 공공시장 진출이 용이해진다.

중소기업기술정보진흥원은 제품발굴부터 제품지정, 그리고 수요확대까지 혁신조달 선순환 체계를 구축하기 위한 기반을 정비하였다. 우선, 혁신제품 지정제도의 실효성 향상 위하여 선정절차를 고도화하였고, 관련법령 개정 요구를 통한 장애물 제거하는 등 제도적 기반을 강화하였다. 그리고 코로나19 극복 방역 및 언택트 R&D 제품을 선제적으로 발굴하여 혁신제품 지정 제도에 참여하도록 독려하였다. 이후, 중소기업 R&D 지원을 통해 개발된 제품 중 공공성과 혁신성이 인정되는 제품을 혁신제품으로 지정하였다. 마지막으로 공공기관 및 지방자치단체를 대상으로 제도 및 제품을 홍보하고, 매칭행사 등을 통해 혁신제품의 수요를 확대하였다. 공단은 총 741개 공공수요기관을 대상으로 제도에 대한 인식 및 관심 유도 위한 제도 및 제품의 홍보를 실시하였다. 그리고 44개 혁신제품과 35개 공공수요처 간 온라인 매칭데이를 추진하여 혁신 제품을 매칭하고, 기업-기관 간 온라인 구매상담을 지원하였다.

■ 추진 성과 및 향후 계획

중소기업기술정보진흥원이 중소기업 우수 R&D 혁신제품의 조달 선순환 체계 구축을 추진한 결과, 직접적인 효과와 간접적인 효과가 나타났다. 직접적인 효과로는 전 부처 지정 제품의 67%인 95개를 발굴·지정하여 제도의 조기 정착 기반 마련에 기여하였다. 또한 지정 제품 중 21개는 136개 공공기관 대상 총 114억 원 규모의 매출이 발생하였으며, 코로나19 대응 기술을 직접 발굴하여 참여를 독려한 혁신제품이 방역 현장에서 활약하는 성과를 보였다. 한편 혁신제품 지정기업의 공공판로 비중이 14.4% 증가하는 데 기여하였고, 혁신제품을 통하여 공공서비스 수준의 향상에 기여하는 간접적인 효과가 나타났다.

진흥원은 향후 혁신제품의 활용성 검증 및 후속구매 확대를 위하여 중소기업벤처부 산하기관을 대상으로 혁신제품의 시범 활용을 위한 구매 지원을 추진할 계획이다. 또한 해외 조달정보를 제공하고, 해외인증획득의 컨설팅을 지원하여 해외조달 진출을 지원할 예정이다.

④ 한국연구재단: 범부처 협업으로 핵심기술 조기 확보 "소재·부품·장비 R&D 함께달리기"

■ 개요

한국연구재단은 기획·평가·관리 기능을 수행하는 R&D 전담기관 간의 협력을 통해 기초원천·응용·상용화를 동시에 진행하는 '소부장(소재·부품·장비) R&D 함께달리기'를 추진하였다. 정부의 한국판 뉴딜 정책을 뒷받침하여 4차 산업혁명을 선도하고 경기 회복을 지원하기 위해서는 기업 수요를 반영한 원천기술 기획 및 전략기술의 선제적 확보가 필요하다. 그러나 부처별 칸막이식 R&D 지원으로 예산의 중복, 기존의 'R&D 이어달리기(기초·원천 R&D 완료 후 우수 연구에 대해 상용화·사업화 등 후속지원)'는 기초·원천 연구개발 완료 후 상용화가 진행됨에 따라 R&D 성과 확산에 장기간이 소요되는 한계가 존재하였다. 이에 한국연구재단은 범부처 협력 기반의 소부장 R&D 함께달리기를 추진하게 되었다.

■ 추진 계획 및 내용

한국연구재단은 소부장(소재·부품·장비) R&D 함께달리기를 위하여 부처 간 협업을 기획하고, 이를 관리하고, 성과를 확산하였다. 첫째, 협업 R&D 기획으로 핵심기술 분야별 범부처 추진전략 및 중장기 로드맵을 수립하고 범부처 소부장 예산을 확보하였다. 분야별 거버넌스 체계를 확립하고, 신규사업·과제를 기획하고 활용하였다. 또한 범부처 소부장 특별회계, 원천 R&D 신설 등 핵심기술 R&D 추진기반을 마련하여 소부장 취약분야 기술 27건을 확보하였다. 둘째, 소부장 R&D 범부처 상시 협업체계를 구성하고 운영하여 협업기반을 구축하였다. 셋째, 범부처 함께달리기로 R&D 성과를 확산하였다. 재단은 전문기관 최초로 범부처 소부장 함께달리기(기초-응용-사업화)를 신설하여, 기획부터 상용화까지 동시 추진하였다.

■ 추진 성과 및 향후 계획

한국연구재단은 첨단소재 R&D 협업사업을 도출하고, 전략적 원천

특허 확보로 기술료 수입 215억 원을 창출하였고 기술이전이 73건 증가하였다. 그리고 함께달리기로 소부장, ICT 성장동력 등 성과를 범부처에 확산하였다.

재단은 향후 소부장 기반마련을 위한 집중투자를 강화할 예정이다. R&D 성과관리 추진체계 보완을 위해 '성과경영 TF'를 신설하고, 향후 부처협업 통합 기술개발 점검 · 성과발표회로 R&D 성과확산을 지속적으로 추진할 예정이다.

⑤ 한국임업진흥원: 규제혁신을 통한 신개발 목재제품의 시장진출 교두보 마련으로 영세 목재기업의 경쟁력 강화

■ 개요

한국임업진흥원은 규제혁신을 통해 신개발 목재제품의 시장진출 교두보를 마련하였다. 목재를 국내에 유통하기 적합하다고 판단하는 품질 기준은 국립산림과학원 고시 및 한국산업표준(KS)의 정의를 따르고 있다. 그러나 새로 개발한 목재제품의 품질을 확인하고자 할 때 적용할 시험방법이 없어 제품 개발과 시장 출시에 어려움을 겪고 있다. 또한, 어렵게 개발한 신개발제품을 '신기술 제품'으로 인정받고자 하는 경우에도 현행 제도상으로는 지정이 불가하여 목재산업계가 불편을 호소하는 실정이다. 이에 한국임업진흥원은 현장밀착형 분야의 규제 개선을 통해 영세 목재기업의 경쟁력 강화를 지원하였다.

■ 추진 계획 및 내용

한국임업진흥원은 새로 개발한 목재제품의 품질을 확인하고자 할 때 적용할 시험방법이 없어 제품 개발과 시장 출시에 어려움을 겪는 경우에 "신청인이 제시하는 시험방법"으로 품질 검증이 가능하도록 관련 규정을 개정하였다(표 27). 기존에 규정된 시험방법보다 가혹한

조건(온·습도, 파괴 하중 등)을 적용하여 시험하여 기존 제품 대비 신개발 목재제품의 품질 우수성을 검증하였다.

│표 27│ 임업에 관한 시험 · 분석 · 조사 · 감정 업무처리 지침

제5조(시험 방법 및 기준)
①~②(현행과 같음)
③제1항 및 제2항에도 불구하고 시험방법이 정해지지 않은 경우 유사검증기관에서 정하는 표준시험방법 및 기준 등 신청인이 제시하는 시험방법을 적용할 수 있다.

한편, 목재제품 신기술 기술분류 체계 구축을 통해 신청범위를 확대하여 목재제품 신기술 활성화와 중소 목재기업 경쟁력 강화를 도모하였다. 이를 위하여 타 기관과 협업을 통해 목재제품 신기술 신청가능품목이 확대된 신기술 기술분류 체계(안)을 구축하고 적용하였다.

■ 추진 성과 및 향후 계획
한국임업진흥원품질은 확인에 어려움을 겪던 신개발 목재제품의 품질 검증 및 신기술 지정 지원으로 신제품 개발 활성화와 신시장 개척을 촉진하였다. 또한 국무조정실의 '포괄적 네거티브 규제 전환' 5대 과제로 선정되었으며 산림청의 '규제혁신 10대 대표사례'로 선정되는 성과를 이루었다.
산업계의 의견수렴을 통해 신개발 목재제품에서 타 소재와의 융·복합 목재제품 품질확인까지 지원을 확대할 예정이며, 신기술 지정 범위 확대에 따른 심사 기반을 구축하고 신기술의 제품화를 통한 현장 연계사례를 발굴할 계획이다.

⑥ 한국보건복지인력개발원: 디지털 뉴딜 시대 신산업 선도 정밀의료 전문 인재 양성

■ 개요

한국보건복지인력개발원은 4차 산업혁명과 디지털 뉴딜 시대의 신산업을 선도할 정밀의료 전문 인재 양성을 추진하였다. 보건의료 R&D 중점 투자 세부사업으로 '국가주도의 정밀의료 전문인력 양성체계 개발 및 교육훈련 인프라 구축'을 추진하여, 2018년 8월부터 '정밀의료인재양성단'을 설립·운영하였다. 바이오헬스 산업 부분에 대한 관심이 높아짐에 따라 2020년 9월, '바이오산업 인재양성 추진방안'을 수립하고, 중점추진과제 5개가 선정되었다. 중점추진과제 중 한국보건복지인력개발원은 재생의료, 정밀의료 등 신산업 분야의 인력 양성사업을 추진하게 되었다.

■ 추진 계획 및 내용

한국보건복지인력개발원은 4차 산업혁명 D.N.A.기반 '의료 인공지능 전문가' 37명을 양성하였다. 실제 의료현장의 수요를 반영하여 의생명공학·의공학분야 및 IT·전산·통계 분야 전공자를 대상으로 온·오프라인 혼합교육을 6개월 제공하였다. 또한 의료 패러다임 변화에 대응하여 '의료빅데이터 교류확산 전문가' 281명을 양성하였다. 데이터 중심 병원, 보건의료데이터 결합기관 등 글로벌 표준 의료용어 체계인 'SNOMED-CT' 활용 교육을 제공하였다. 그리고 '유전체 분석 및 의료정보분석 전문가' 293명을 양성하기 위하여 서울대병원, 서울아산병원, 고대의료원과 R&D 연구 협력을 지원하였다. 정밀의료분야 교육콘텐츠 대국민 공유·확산을 위한 K-MOOC, YouTube 등 공개강좌를 개발·운영하였으며, 대학, 공공기관 등의 콘텐츠를 공동으로 활용하였다.

■ 추진 성과 및 향후 계획

한국보건복지인력개발원은 4차 산업혁명 및 디지털 뉴딜 시대 신산업을 선도할 정밀의료 전문 인재를 720명 양성(의료 AI, 유전체 및 의료정보분석 전문가, 의료용어표준전문가 등)하는 성과를 거두었다. 또한 의료 인공지능 알고리즘 6건을 개발하였으며, K-MOOC 3개 콘텐츠에는 3,393명이 등록하고 대학에서 계절학기강좌로 활용하는 성과를 거두었다.

개발원은 향후 교육 수요가 폭발적으로 증가할 것에 대비하여 2021년 정밀의료사업 예산을 전년대비 18억 원을 증액하여 확보하였으며, 향후 의료 AI 전문가 과정 세분화 및 확대하고, 보건의료데이터 활용지원(신직업군) 및 첨단재생의료실시기관 연구담당자 등 양성 교육을 신규 개발할 계획이다.

3) 한국판 뉴딜 우수사례

① 한국광해관리공단: 폐광지역을 위한 그린뉴딜, 도시재생과 갱내 수열에너지 개발

■ 개요

한국광해관리공단은 석탄산업 사양화로 폐광지역의 경기침체가 장기화됨에 따라 지역경제 활성화를 위한 도시재생 뉴딜사업과 신재생에너지산업(폐광산 갱내 수열에너지 개발)을 추진하였다. 공단은 광산지역의 경제진흥을 선도하는 기관으로서 2018년 태백시 경제기반형 사업을 시작으로 2020년도에는 경상북도 문경시에서 도시재생 뉴딜사업을 추진하고 있다. 공단은 대규모 산업시설의 폐업 후 창조적 재생으로 지역발전의 거점을 조성하고, 전문성을 보유한 유관기관과 업무협약을 체결하여 공공 · 민간의 투자를 유치하여 상생협력 및 일자리를 창출하였다.

■ 추진 계획 및 내용

한국광해관리공단은 '그린뉴딜로 가는 문화경제 플랫폼 UNKRA 문경 팩토리아'를 총괄기획하고 제안하였다. 이 사업은 문경시의 폐업한 대규모 시멘트 공장을 스포츠, 체험, 문화 · 예술 공간으로 재생하여 새로운 문화경제거점을 조성하고, 수소연료전지발전소 조성으로 그린뉴딜에 부합하는 분산형 전원시스템 구축과 도시가스 미공급 지역에 도시가스 공급 확대를 통한 지역균형발전을 실현하는 도시재생 뉴딜사업 기획이다.

공단은 도시재생 뉴딜사업의 총괄코디네이터로서, 지역의 쇠퇴를 진단하고 잠재력을 파악하여 도시재생 사업전략을 도출하였다. 또한, 민간과 공공의 투자 유치를 이끌어, 폐산업시설을 창조적으로 활용할 수 있는 기반을 조성하였다.

한편, 공단은 한국판 그린뉴딜 지원사업을 활용하여 폐광산의 갱내 수열에너지 사업화 계획을 수립하고, 미활용 에너지원인 갱내 수열에너지를 개발하였다. 갱내 수열에너지 개발을 위해 민간기업과 MOU를 체결하여 수열에너지 활용사업의 기반을 조성하였다.

■ 추진 성과 및 향후 계획

한국광해관리공단이 총괄기획 · 제안한 '그린뉴딜로 가는 문화경제 플랫폼 UNKRA 문경 팩토리아' 사업이 도시재생특별위원회의 2020년도 도시재생 뉴딜 대표사업으로 선정됐다. 이로써 공단은 준정부기관 최초로 3년 연속 국토교통부의 도시재생 대표사례로 선정되는 성과를 이루었다. 이 사업을 통해 지역에 약 3,531억 원의 재원이 투입될 예정이며, 약 4천여 명의 지역 일자리가 창출될 예정이다.

한편, 공단의 수열에너지 개발사업은 K-뉴딜 종합계획 중 수열에너지 분야로 선정되어 사업비 3,479백만 원을 확보하고, 수열에너지

200RT급 사업화로 중장기계획(100RT) 대비 초과 달성을 이루었다. 또한 녹색산업 선도기업을 육성하여 폐광지역과 민간기업 상생발전을 유도하였다.

공단은 향후 도시재생뉴딜사업에 지역주민 주도 사업을 발굴하여, 폐광지역의 지속가능한 발전에 이바지할 예정이다. 또한 폐광지역 도시재생사업을 폐광지역 개발사업으로 연계하고 폐광개발기금 활용방안 등을 검토하여, 사업 기반의 안정화를 도모할 예정이다.

② 한국노인인력개발원: 노인일자리로 해양환경 오염과 기후변화에 대응하다

■ 개요

한국노인인력개발원은 미세플라스틱 문제해결을 위한 정부의 '해양 플라스틱 저감 종합대책'에 부합하는 노인일자리를 창출하여 해안 인근에 거주하는 지역주민의 삶의 질을 향상시키고 해양 수산물 보호에 대한 관심을 증가시켰다. 또한 '시민주도형 탄소감축 모델' 운영을 통해 생활 속 온실가스 감축을 위한 활동을 홍보하고 가정 및 상업시설에 탄소포인트 제도 가입을 독려하여 기후변화에 능동적으로 대응하는 새로운 일자리를 창출하였다.

■ 추진 계획 및 내용

한국노인인력개발원은 태안군 일대 서해안 해양자원 보호를 위한 '시니어 바다사랑 환경지킴이 사업'을 추진하였다. 시니어 바다사랑 환경이지킴이 사업을 통해 노인층이 태안군 해변가 환경정비 및 해양 쓰레기를 수거하는 일자리를 창출하고, 인근 거주민의 삶의 질을 향상시켰다.

이밖에도 개발원은 온실가스 감축을 위한 저탄소 시범사업인 '태안군 시니어 동고동락 사업'을 추진하였다. 저탄소 시범사업은 가정 내 온실가스 감축을 위한 활동 안내, 탄소포인트제 가입서비스를 제공하는 사업이다. 개발원은 저탄소 시범사업 추진을 위해 온실가스감축 관련 전문기관과의 연계를 통해 참여자의 직무 전문성을 제고하였다. 이 밖에도 온실가스 감축활동, 탄소포인트제를 안내하는 홍보 브로셔를 제작하여 지역가구 및 상업시설을 대상으로 홍보를 진행하였다. 그리고 가정 내 전기를 절약할 수 있는 전기절연 멀티 콘센트, 코로나 예방을 위한 마스크, 세정제로 구성된 키트를 제작하여 지급하였다.

■ 추진 성과 및 향후 계획

한국노인인력개발원은 '시니어 바다사랑 환경지킴이' 사업과 '태안군 시니어 동고동락' 사업을 통해, 태안군의 지역사회를 활성화하고, 환경의 지속가능성을 보존하는 녹색 일자리 170개를 창출하였다. 또한 태안군 24개 해안지역의 해양쓰레기를 수거하여 해양환경의 개선과 쾌적한 지역 환경 조성에 기여하였다. 포스트 코로나의 핵심과제이자 그린뉴딜 목표인 '탄소중립 사회' 진입이 중요한 과제로 대두되고 있는 가운데, 탄소포인트제에 384개 가구가 가입을 신청하여 온실가스 감축과 에너지 절감이 기대된다. 개발원은 향후 추가 사업비 확보를 통해 저탄소 시범사업을 내실 있게 운영하고 일자리 창출을 확대할 계획이다.

③ 한국에너지공단: 지능형시스템(ABCDE) 구축 및 FEMS 보급으로 디지털 뉴딜 선도

■ 개요

한국에너지공단은 지능형시스템(ABCDE)을 구축하고 FEMS 보급으로 디지털 뉴딜을 선도하고 있다. 최근 디지털 뉴딜의 추진에 따라

데이터 산업의 육성과 통계분석의 확대가 추진되고 있다. 정부가 데이터경제로의 전환을 범국가적 아젠다로 선정하면서 데이터 고속도로 구축과 활용의 확대를 추진함에 따라, 데이터 수집·표준화·가공·결합 고도화 등 데이터경제 촉진을 통해 신산업 육성 및 주력산업 디지털 전환 가속화 및 경쟁력의 강화가 필요한 시점이다. 한편, 에너지 수요관리 방식의 디지털 전환을 통한 에너지전환도 촉진되고 있다. 계측인프라(xEMS)의 확대, 정보 플랫폼(빅데이터) 구축 및 정보 개방 등 수요관리 전 프로세스에 대한 디지털 대전환이 추진되고 있으며, 한국판 뉴딜의 10대 대표과제인 스마트그린산단 FEMS 보급을 지원하고 FEMS 보급 확산에 선제적으로 대응할 필요가 있다. 이에 한국에너지공단은 데이터·AI 기반의 지능형 시스템을 구축하고, 건전한 에너지 시장 조성을 통해 FEMS 보급을 확산하는 사업을 추진하고 있다.

■ 추진 계획 및 내용

한국에너지공단은 우선, 데이터·AI기반의 지능형시스템(ABCDE)의 구축을 추진하였다. 중장기 로드맵으로서 '정보화 마스터 플랜(2020~2022년)'을 수립하여 운영하고, 정보화 동향 분석 및 현황 진단을 통해 4대 추진과제를 도출하였다. 그리고 한국전자정보통신산업진흥회 보유 데이터와 외부데이터를 융합하여 분석, 공개·공유 서비스를 제공하였다. 빅데이터의 생성을 위하여 다소비사업장의 에너지 사용 데이터와 전력(한국전력공사), 기상(기상청), 지리(행정안전부), 건축물(국토교통부) 등 데이터를 융합하였다. 이렇게 생성된 데이터는 기계학습, AI방법을 적용하여 에너지다소비 사업장 데이터 분석에 활용되었다.

공단은 중소기업을 대상으로 에너지 사용 현황 분석부터 설비 교체 지원까지 솔루션을 제공하는 컨설팅 서비스를 개발하였다(그림 6).

그림 6   중소기업 대상 에너지절감 전주기 컨설팅 서비스

1단계 사업장 진단	2단계 에너지 절감 처방	3단계 사업장 투자지원
• 사업장별 E사용현황 분석 및 추이 제시 • 4대 주요영역별 현황을 타사 업장과 비교, 진단	• 진단결과에 따른 에너지 절감 방안 제공 • 매원 전력 사용현황 분석 리포트 발송 – 일별 전력사용량 예측 정보, 부하 곡선, 전력 피크, 수요관리 정보 등 제공	• 설비투자정보 및 경제성 분석 지원 • ESCO, 융자 등 자금 지원 연계 • 공단 정책, 우수사례 제공

4대 영역	부하율, 효율, 냉방, 난방민감도
3단계 진단	우수, 보통, 미흡

이 밖에도 국내 최대 규모의 에너지 및 온실가스 데이터를 개방하였다. 수요자 설문조사, 외부전문가 자문(빅데이터, AI방법론) 등을 통한 대내외 데이터 수요 의견을 수렴하고, 10만 사업장의 고수요, 고품질 데이터를 공공데이터 포털에 File+Open API 방식(24종)으로 공개하였다.

한편, 건전한 시장 조성을 통해 FEMS 보급을 확산하였다. 에너지관리(EMS) 전문가 양성 프로그램을 개발하여 수준별 맞춤 교육을 통해 전문인력을 양성하고, FEMS 표준 플랫폼 개발을 위한 간담회를 추진하여 FEMS 성능 표준 가이드라인 개발 및 확산의 기반을 마련하였다. 그리고 중소기업의 FEMS 데이터를 활용한 절감방안 컨설팅을 지원하여 52개소 데이터 분석 후, 4,284toe/년 추가 절감방안을 도출하였다.

■ 추진 성과 및 향후 계획

한국에너지공단은 전술한 사업을 통해 에너지관리 역량이 부족한 중소기업에 에너지 절약을 위한 전주기 컨설팅을 지원하였다. 빅데이

터 분석에 기반한 중소기업 맞춤형 에너지 효율화 컨설팅을 제공하여 에너지절약시설의 투자를 지원하였고, 1개소 평균 E절감 137toe/년, E비용 0.5억원/년의 절감 효과를 거두었다.

그리고 고수요·고품질 데이터 개방으로 관련 신규 일자리를 창출하고 산업을 육성하였다. 국내 최대 규모(407만 건)의 에너지·온실가스 마이크로 데이터 개방으로 에너지·온실가스 데이터 분석 산업을 육성하여 444억 원 규모의 데이터 분석시장을 창출하고 106명의 일자리를 창출하였다.

중소·중견기업에 FEMS 보급을 전년 대비 30% 확대하여 기업들이 연간 33억 원의 에너지 비용을 절감하였고, FEMS 전문기업 시장이 94억 원 어치 창출되었으며, 98명의 일자리가 창출되는 등 디지털 뉴딜의 기반이 마련되었다.

④ 한국지능정보사회진흥원: 코로나19 대응, 학교무선인프라 구축을 통한 디지털 뉴딜

■ 개요

한국지능정보사회진흥원은 코로나19 확산의 위기 상황에서 학교 무선 인프라를 구축하여 학생들의 학습권을 보장하고 중소기업의 성장을 이루었다. 코로나19의 장기화에 따라 중소기업은 경제·경영 활동에 심각한 곤란을 겪고 있으며, 60% 이상의 중소기업이 전년 대비 매출 저하(2020년 9월 중소벤처기업부 발표)로 어려움을 겪고 있다. 또한, 향후 국가 교육·학습 정책의 방향은 원격·온라인 학습 등 무선 환경에 크게 의존하는 패러다임 대전환이 예상되기에 진흥원은 '비대면 인프라'가 국내 중소기업 위기의 돌파구가 될 수 있다고 판단하였다. 팬데믹 상황과 첨단 AI 시대 미래 교육에 대응한 학교 WiFi 인프라 확충이 필요한 시점에, 진흥원은 본 사업을 통해 중소기업의 매출을 촉진하고,

고용유지 지원 등 동반성장 정책을 통한 코로나19 위기탈출과 정부 경제정책 3대 축인 "혁신성장, 포용성장, 공정경제" 실현을 위한 상생협력을 이루었다.

■ 추진 계획 및 내용

한국지능정보사회진흥원은 코로나19의 확산으로 원격 · 온라인 학습 등 무선 환경 구축이 시급해짐에 따라 학교 전 교실에 WiFi 구축 사업의 조기추진을 제안하였다. 진흥원은 BH, 교육부, 과학기술정보통신부와의 협업을 통해 계획을 주도하고, 포스트 코로나19 대응 3차 추경 핵심사업으로 제안하여 국회의 승인을 받았다. 진흥원은 이를 위하여 학교에 전면 WiFi를 구축했을 때의 성공요인 및 기준 정책을 제시하여(표 28), 교육부와 17개 시 · 도교육청이 공통적으로 적용할 수 있도록 하였다.

표 28 학교에 전면 무선망 구축 성공요인 및 기준정책

성공요인(이슈사항) 분석 · 도출		기준정책 제시
① 학교 단위 WiFi 구축시 관리 허점	⇒	• 교육청, 전문기관이 계획하에 일괄 사업추진
② 최신 기술을 통한 미래 대비 필요	⇒	• 최신의 WiFi6 적용
③ 노후 학내망 개선 필요	⇒	• 학내 유선인프라 개선 병행

또한 학교 전면 무선환경 구축 사업의 이해관계자의 요구에 부합하는 계약방식을 선도적으로 적용하였다(표 29).

표 29 계약방식의 선도적 적용

문제 도출		해결 방안
① 지역기업 상생 필요	⇒	• 중소기업참여 지분율 70% 이상 적용 • 동반성장 사회적가치 도입
② 사업혜택 분산효과 필요	⇒	• 지역 분할 사업추진(11개 지역 12개 사업으로 분리) • 공동수급체 구성 수에 비례한 가점 부여(최대 5개) • 무선AP 제조사 참여 하한선 도입(3개 이상)
③ 내수활성화 필요	⇒	• 국산제품 활용기여도 평가

■ 추진 성과 및 향후 계획

한국지능정보사회진흥원은 ICT를 적재적소에 활용할 수 있는 미래형 교육환경 조성을 위하여 11개 교육청, 6,335개 초·중·고교의 약 11만 개 전교실 무선인프라 설치를 지원하였다. 이를 통해 초중고 전교실에 기가급 Wifi-6가 구축되었고, WiFi 장애를 효율적으로 원격제어 가능한 관제 시스템을 개발하여 개별 학교의 Wifi 관리 전문성 미흡 문제를 해결하였다. 국정과제인 학교 무선망 구축 기간을 약 3년 정도 단축한 성과를 인정받아 2020년 10월, 교육부문 한국판 뉴딜사업 적극행정위원회 우수사례로 선정되었다.

또한 사업의 추진 과정 속에서 혁신적인 공공계약을 통하여, 지역·중소기업의 매출 증대에 기여하였다. 기존에 대기업 위주의 사업으로 중소기업의 참여가 어려웠으나, 입찰·계약 방식의 개선으로 지역소재 중소기업의 수혜를 보장하고, 사업에 중소기업의 참여비중을 70% 달성하였다. 입찰 과정에서도 전체 11개 시·도의 사업을 12개로 분리 입찰하고, 중소기업 공동수급 구성 비율을 5개사에 적용한 결과 총 44개 우수 지방 중소기업이 수주할 수 있게 되었다. 또한 학교 WiFi 사업추진을 통해 직·간접 일자리가 약 4천여 개(고용노동부 재정사업 고용영향평가) 창출되었다.

이 밖에도 제조업 분야 국내기업의 본국 회귀를 통해 내수 활력을 제고하였다. 국산제품 활용기여도 평가를 도입하여 기존의 중국 OEM 생산 위주의 국내 제조사들의 회귀를 견인하였으며, 학교 무선 AP를 100% 국산화하였다. 국내공장이 가동됨에 따라 150여 명의 실질적인 생산 일자리가 창출되었다. 그리고 국내 중소 제조사 장비도 호환 가능한 무선망 관리시스템을 자체 개발함에 따라 사업 참여기회를 획기적으로 확대하고, 라이선스 비용 60억 원을 절감하는 성과를 거두었다.

4. 공공기관 ESG 선도사례

1) 개요

ESG가 화두로 떠오르면서 공공기관의 EGS 경영에 대한 고민이 깊어지고 있다. 공공기관은 기관 본연의 업무에 따라 ESG 경영에 대한 대응이 다를 수밖에 없다. 본 장에서는 ESG 가이드라인을 마련하거나, ESG 기반 투자를 확대하거나, 사회적 가치 채권을 발행하여 ESG 확산을 선도하고 있는 공공기관의 사례를 소개한다.

2) ESG 선도 우수사례

① 국민연금공단: 고유의 ESG 투자 모델로 국내 책임투자 선도
■ 개요
국민연금공단은 적극적인 ESG 투자로 국내 ESG 투자의 인프라 확

충과 책임투자를 선도하였다. 국내 최대 기관투자자인 국민연금공단의 기금운용은 국민경제와 밀접한 연관을 갖는다. ESG가 급속히 세계적으로 확산되는 가운데, 국민연금공단은 ESG에 관한 투자 원칙, 절차 및 가이드라인 등을 설정하고 ESG 투자를 선제적으로 추진하였다.

■ 추진 계획 및 내용

국민연금공단은 ESG 투자 원칙 수립부터 글로벌 협력까지 전 과정을 적극 추진하였다. 첫째, 원칙, 평가기준 등을 투명하게 공개하여 ESG 경영의 확산을 도모하였다. 기금운용 6대 원칙으로 '지속가능성'을 추가하고, 국민연금기금 수탁자 책임 활동에 관한 지침을 개정하였다. 기후변화, 친환경 제품 개발 등 환경(E), 산업 안전, 공정 경쟁 등 사회(S)와 같이 이슈별 평가지표를 공개하였으며, 2020년 11월부터 'ESG 통합전략 가이드라인'을 시행하였다.

둘째, 책임투자 금액을 101조 원으로 2019년 대비 약 2.2배 확대하였다.

셋째, 외부자산운용사를 통한 책임투자를 활성화하였다. 2020년 11월, 책임투자형 위탁펀드에 적용되는 BM을 기존 재무적, 비재무적 요소의 동시 고려에서 순수 ESG 중심으로 개편하였고, 위탁운용 신뢰도 제고를 위하여 책임투자 위탁펀드(약 8조 원) 9개 운용사에 책임투자 보고서 제출을 의무화하였다. 그리고 위탁운용사에 일부 의결권 행사 위임으로 권한의 분산과 의결권 행사에 대한 운용사의 자체 시스템 구축을 유도하였다.

넷째, 배당, 법령위반 등 중점 관리 사안에 대한 수탁자책임 활동을 강화하였다. 2020년도에 총 109개 기업에 대해 서신 발송 및 수령, 면담 등의 형식으로 기업과의 대화를 실시하고, 비공개 대화 대상 기업 37개사, 비공개 중점관리기업 2개사를 선정하여 중점관리사

안에 대한 개선안을 촉구하였다. 그리고 기존에 사후공개하던 주요 의결권 행사를 사전공개로 전환하였다.

다섯째, 환경 관련 글로벌 이니셔티브에 참여하고 책임투자 활동 투명성을 제고하였다. AIGCC(Asia Investor Group on Climate Change)에 가입, 기후변화 등의 동향 파악, 모범사례 공유, 글로벌 기관투자자와의 교류를 추진하였다. 그리고 '수탁자 책임 활동 연차보고서'를 발간하여 국민연금공단의 주주권 행사를 포함한 책임투자 활동 및 향후 계획을 투명하게 공개하였다.

■ 추진 성과 및 향후 계획

국민연금공단은 적극적인 ESG의 추진으로 국내 금융시장의 ESG 인프라 확충에 기여하였다(표 30).

│표 30│ 국민연금공단의 ESG 투자 추진의 영향

NPS	위탁운용사	금융시장 변화
• ESG 통합 투자 확대 • 책임투자 펀드 BM 개선 • 위탁운용사에 책임투자 보고서 제출 의무화 • 의결권 행사 위임	• 책임투자보고서 작성을 위한 데이터 확대 • 의결권 행사 결정을 위한 전문성 강화 • ESG 조직, 인력 확충	• ESG 벤더(KCGS 등) 시장 확대 및 활성화 • 자본투자 유치를 위한 기업의 공시 강화 • ESG 인력 수요 증가

공단의 ESG 활동은 자본시장의 발전에 기여하였으며, AIGCC 가입으로 온실가스 대량 배출 기업의 환경경영 강화를 유도하는 성과를 거두었다.

한편, 공단은 향후 ESG 관련 서적을 발간하고, 이니셔티브 운영 등 K-ESG 리딩의 역할을 강화하여, 장기적으로는 글로벌 스탠다드로 발전하기 위한 계획을 수립하고 있다. 또한 ESG 평가체계 개선을 추진하고 통합 투자전략을 강화하여, 2022년까지 책임투자 적용 규모를 전체 자산의 50%까지 확대할 계획이다.

② 사립학교교직원연금공단: 책임투자 정책 강화 및 ESG 기반 투자확대

■ 개요

사립학교교직원연금공단은 책임투자 정책을 강화하고 ESG 기반 투자를 확대하였다. 사회적 책임투자 강화를 통한 건강한 기금 성장에 대한 요구가 증가하고 있으며, 사회·환경 위기가 고조되고 있다. 사회적 지속가능성을 위한 비재무적 ESG의 중요성이 강조되는 가운데, '착한 경영'을 국가와 기업의 생존과 지속가능성을 위한 필수요소로 인식하는 변화가 발생하고 있다.

■ 추진 계획 및 내용

사립학교교직원연금공단은 우선, ESG 투자를 확대하여 사회적 책임 실현과 기금성장을 이루었으며, 지속가능한 산업부문 투자를 강화하여 안정적으로 장기 기금운용 수익을 제고하였다.

그리고 '수탁자 책임활동에 관한 지침'을 제정하여 수탁자 책임 활동관련 기준, 방법, 절차를 정의하였다. '수탁자책임위원회'를 구성하고 개최하여 주주활동 및 수탁자 책임 이행에 관한 절차·기준·공시를 검토하고, 의결권 및 주주권 행사의 기본원칙 및 세부기준을 검토하였다.

이 밖에도 국회의 ESG 포럼에 동참하여 ESG 정책과제를 발굴하고 입법 지원을 하였으며, 친환경 산업분야(재생에너지, 그린본드, 사회적책임투자)에 대한 투자를 확대하여 '탈석탄 투자선언'을 이행하였다.

■ 추진 성과 및 향후 계획

사립학교교직원연금공단은 ESG 기반 투자를 확대하여 사회적책임의 제도적 기반을 마련하고 대외적으로 투명성을 제고하였다. 적극적인 주주권 행사로 공정경제 발전에 기여하고, ESG 3,111억 원 투자와 2,302명의 고용 창출을 이루어냈다. SRI펀드 비중이 2019년 5.7%에서 지난해 10.9%로 확대되면서 평가액 3,041억 원 및 수익률 34.6%를 달성하는 성과를 거두었다. 사립학교교직원연금공단은 앞으로도 공적연기금의 사회적기여와 기금성장을 함께 추구할 계획이다.

③ 한국자산관리공사: 주요사업에 ESG 경영 DNA를 이식하다

■ 개요

한국자산관리공단은 주요사업의 ESG 전환을 추진하였다. 공단은 ESG 경영이 새로운 패러다임으로 부각되고, '착한 기업'이 살아남는 상황 속에서 이를 적극적으로 추진할 필요성을 느끼고 이를 추진하였다.

■ 추진 계획 및 내용

한국자산관리공단은 우선, 코로나 위기극복 위원회 산하 '주요사업 ESG 전환' 분과를 신설하고, 포스트 코로나 추진 전략에 '주요사업 추진의 ESG 전환'을 중점 추진과제로 추가하였다.

그리고 한국자산관리공단의 ESG 가이드라인을 마련하였다(표 31).

표 31 한국자산관리공단 ESG 가이드라인

E (환경)	• (기업) 회생기업 금융지원시 국제녹색인증, 환경마크, 고효율 에너지 기자재인증 등 환경 관련 기술력 평가 • (선박) 선박인수시 해양오염사고 발생 가능성 등 국제해사기구(IMO) 환경규제 준수 여부 심사 • (신축건물) 제로에너지 빌딩(ZEB) 건축 • (건축중 건물) 설계변경을 통한 ZEB인증 추진 • (기존건물) 노후 국유건물 그린 리모델링 추진 • (인프라) 국 · 공유재산 활용 전기 · 수소차 충전시설 설치 지원

S (사회)	• (공공개발) 계약심사제 도입으로 공정계약 모델 정립 및 계약제도 운용 개선으로 협력사 권익보호 시스템 구축 • (기업) 자산매입 후 임대 관련 지원 대상기업 선정시 노사관계, 소송 · 분쟁 평가 • (선박) 선박인수시 소송 피소, 임금체불 등 각종 클레임 평가
G (지배 구조)	• (국세물납기업) 보유지분율 높은 물납법인 대상 이사회운영, 주주가치 환원, 감사제도 등 16개 기준 적용하여 점검 • (기업) 회생기업 금융지원시 경영진 자금횡령, 부패기업 지원 제외

■ 추진 성과 및 향후 계획

한국자산관리공단은 '주요사업 추진의 ESG 전환'을 통해 다음의 표와 같은 성과를 거두었다.

표 32　한국자산관리공단의 추진성과

E (환경)	• (ZEB빌딩 신축) 법정기준(ZEB 5등급) 대비 2단계 상향한 "ZEB 3등급"을 적용하여 시범사업(세종국책연구단지제2청사) 제안하여 선정 • (ZEB인증 추진) 인증의무화 전 승인사업 10건 ZEB 5등급(법정등급) 반영 ⇒ 예비인증 2건 취득 • (그린 리모델링) 노후국유건물 대상 시범사업 4건 예산 308억 확보 • (기존선박) 인수 해양선박 친환경 설비 설치비용 275억원 조달 지원 • (신조선박) 해운사 친환경 · 초대형 유조선 약 1,344억원 신조 지원 (MOU 체결) • (인프라) 국유재산상 수소차 충전소 부지 10건 우선 발굴, 공공청사 11곳에 전기차 충전 인프라 (완속7대, 급속 14대) 설치
S (사회)	• (공공개발) 발주처 건설업체와의 물품 · 용역 계약심사를 통해 업체에 불리한 내역을 조정하여 총 5건 시정, 66백만원 증액
G (지배 구조)	• (국세물납기업) 과반지분 법인 OOOO개발을 대상으로 이사회 구성 변경 등* 지배구조 개선 활동을 통해 '20년 상반기 흑자 달성

한국자산관리공단은 향후 내규를 개정하고 한국자산관리공단형 ESG 가이드라인에 따라 과제 추진 및 추가 과제 발굴을 통해 주요사업을 개선 · 확대할 예정이다. 특히 제로에너지빌딩 · 그린리모델링을

선도적으로 추진하여 도시 저탄소화 실현 및 탄소중립 정책을 적극 지원할 계획이다. 또한 경영관리 전반에 ESG경영 내재화를 위한 개선과제 점검·시행 및 기업문화 개선 캠페인 등을 시행할 계획이다.

④ 한국장학재단: 사회적 가치 채권 발행 활성화

■ 개요

한국장학재단은 공공기관 최초로 2019년 8월 사회적 가치 채권을 발행하였다. 사회적 가치 채권은 사회적 책임 수행 사업을 목적으로 발행되는 채권으로 교육, 중소기업 지원, 취약계층 지원 등에 사용된다.

2006년, 'UN 책임투자 원칙'이 발표된 이후 전 세계적 사회적 가치 채권의 발행 및 투자 규모가 증가하고 있다. 국내에서는 아직 도입단계로 정부와 국회가 사회적 가치 채권 발행·투자를 독려하고 있다. 한국장학재단은 학자금대출 재원의 안정적 조달 및 비용 절감을 위해 재단채에 대한 추가 수요처 발굴과 함께 금융형 공공기관으로서 사회적 가치 채권의 시장 활성화에 기여할 필요성이 높아짐에 따라 사회적 가치 채권을 발행하게 되었다.

■ 추진 계획 및 내용

한국장학재단은 사회적 가치 채권을 발행하기 위하여 사전에 금융투자협회 주관 세미나에 참석하고(UN이사, 증권사CEO 등) 국제금융 보고서(국제자본시장협회, 금제금융센터 등)를 검토하였다. 이후, 외부 전문기관(삼일회계법인)의 현장실사를 통한 인증을 획득하고, 2019년 8월 공공기관 최초로 사회적 가치 채권 발행을 개시하였다.

채권 발생 이후에도 대·내외 성과 분석으로 사회적 가치 채권의 발행 지속 근거를 확보하였다. 대내적으로는 재단의 기존 일반 채권과 사회적 가치 채권 조달 금리를 비교하고, 대외적으로는 재단과 타

기관의 사회적 가치 채권 조달 금리를 비교하여 분석하였다. 재단의 사회적 가치 채권은 일반 채권 대비 매년 이자비용 2.6억 원을 절감되고, 타기관 사회적 가치 채권 대비 매년 이자비용 6.2억 원이 절감되는 효과가 있을 것으로 기대된다.

재단은 사회적 가치 채권의 활성화를 위하여 ① 현행 한국거래소 전용홈페이지를 통해 재단채 정보 등을 공개하고, 투자설명회(IR) 등을 통해 사회적 가치 채권 홍보를 강화하고 있다. ② 투자자 및 발행자 인센티브 제도를 마련하기 위해 해외사례를 검토하였으며, ③ 사회적 가치 실현과 연계한 채권 투자 성과를 입증하여, '균등한 교육기회 제공'이라는 학자금대출 목표 실현에 기여하였다.

■ 추진 성과 및 향후 계획

한국장학재단은 사회적 가치 채권을 발행하여, 학자금대출 금리 인하에 기여하였다. 재단채 전액을 사회적 가치 채권으로 발행한 2020년 전후로 학자금대출 금리와 조달 금리를 비교하면, 학자금대출 금리 0.35%p 대비 조달 금리는 0.17%p로 약 48.6% 인하에 기여하였고, 대출 금리 인하로 인한 대출 이자부담 86억 원 경감에 기여하였다. 또한, 사회적 가치 채권 선도 기관으로 선정되어 2020년부터 향후 3년간 채권발행 시 거래소 상장수수료를 면제받아 채권발행 비용을 절감하였다.

재단은 향후 주요 채권투자자(은행, 연기금 등) 및 증권사 대상 투자설명회 개최 등을 통해 사회적 가치 채권 발행 관련 홍보를 강화할 예정이다. 또한 사회적 가치 채권을 지속적으로 발행하여 대출재원의 안정적인 조달방안을 강화할 계획이다.

5. 결론 및 총평

최근 공공기관의 사회적 가치 구현과 혁신 창출, 그리고 ESG 경영이 화두가 되고 있으나, 이에 대한 대책 마련에 어려움을 호소하는 공공기관이 적지 않다. 이에 본서에서는 공공기관의 경영활동 우수사례를 통해 공공기관이 어떻게 사회적 가치를 구현하고, 혁신을 창출하며, ESG 경영을 이루고 있는지 구체적인 내용을 다루었으며 몇 가지 시사점을 도출하였다.

첫째, 공공기관이 사회적 가치를 구현하기 위하여 이전과는 전혀 다른 새로운 사업을 수행해야 하는 것은 아니다. 사회적 가치의 개념이 모호하기 때문에 공공기관에게 요구되는 사회적 가치의 실현이 무엇인가에 대해 논의가 진행되고 있다. 앞서 살펴본 사례 중에 예를 들어 국민의 체육 진흥이 본연의 업인 기관에서는 코로나19로 피해를 입은 스포츠 영세기업의 교육 및 일자리 창출 사업을 추진하여, 일자리를 창출하고 영세사업자의 신속한 재기를 도왔다. 즉, 공공기관이 사회적 가치의 실현을 주된 원칙으로 삼아 본연의 고유사업을 수행할 때에 성과를 낼 가능성이 높아진다.

정부가 공공기관의 사회적 가치 창출을 단기간 내에 추진하고 공공기관 경영평가지표에 사회적 가치에 대한 중요도를 상대적으로 높임에 따라 공공기관의 재무성과와 업무 효율성이 저하되었다는 우려도 존재한다. 그러나 앞서 살펴본 사례를 통해, 공공기관의 사회적 가치 지향이 일자리 창출, 균등기회 보장, 사회 통합, 안전, 환경의 지속가능성, 상생 협력, 윤리경영 분야에서 가시적인 성과를 나타내고 있음을 확인하였다. 공공기관이 취업 취약계층인 노숙인, 중증장애인, 고령자 등을 대상으로 지역사회 문제 해결에 적극적으로 대응하여 '일자리를 창출'하고, 고용의 질을 개선한 사례가 다수 나타났다. 또한,

성별, 장애의 구분 없이 사회 형평적 인력을 활용하기 위하여 공공기관이 앞서서 채용과 인력운영에서 '균등한 기회'를 보장하고, '사회통합'에 힘쓰는 사례들도 있었다. 어떠한 공공기관은 '환경'의 지속가능성과 재난 및 사고로부터 '안전'한 근로 생활환경을 유지하기 위하여 노력하였다. 그리고 공공기관은 기관을 넘어 지역사회와 중소기업, 그리고 소상공인과의 '상생 협력'을 통해 지역사회의 발전, 지역경제 활성화에 기여하고 있었다. 한편, 공공기관의 '윤리경영' 부분은 최근 'LH 사태'를 계기로 엄정하게 평가되고 있다. 사례에서는 공공기관이 경영활동 시 경제적·법적 책임, 그리고 사회적 통념으로 기대되는 윤리적 책임을 준수하기 위해 펼친 사업들을 확인할 수 있었다.

둘째, 매년 평가에 대응하는 공공기관의 입장에서 장기적인 확산과 수용까지 염두에 둔 혁신성과를 창출하는 것이 쉽지 않지만, 기관은 중장기적인 혁신목표 안에서 지속가능한 혁신성과를 창출하기 위하여 고민해야 한다. 실제 기관들의 혁신성과보고를 검토하면 기관의 필요나 본업과 다소 거리가 있더라도 '유행하는 사업 아이템'을 제시하거나, 중장기 계획이 부재한 단발성 이벤트 사업이거나 사업의 성과보다는 투입과정에 치중하고 성과를 알기는 어려운 경우도 종종 발견된다. 따라서 이 책에서는 기관이 장기적인 관점에서 국가 산업 및 기술 전반의 성장에 기여하며 기관 자체의 혁신을 이루기 위하여 고민한 흔적이 엿보이며 성과를 창출하고 있는 사례들을 소개하였다. 그러나 혁신은 유연해야 한다. 현재 혁신적이라 평가받더라도 중장기적으로 점검하며 기관 본연의 임부를 잊고 왜곡이 발생할 경우 과감하게 수정이 가능해야 한다.

셋째, ESG 경영이 불가피하게 되었고, 공공기관은 ESG 대응역량을 제고해야 한다. 2021년 정부가 공공기관의 경영공시항목에 ESG 관련 항목을 추가하겠다고 발표하면서, 공공기관도 ESG를 고려해야

만 하는 상황에 이르렀다. 앞서 사례를 통해 금융 분야 공공기관이 ESG 기반 투자를 확대하거나, 사회적 가치 채권을 발행하여 공공기관들이 투자 자체를 사회적 가치 실현의 방향으로 전환하고 있음을 확인할 수 있었다. 그러나, ESG에 대한 준비를 갖추지 못한 공공기관들은 어려움을 겪고 있는 것이 사실이다. 사실 ESG는 완전 새로운 개념이 아니며 사회적 가치가 추구하는 바와 유사한 개념을 포함한다. 공공기관이 지금까지 사회적 가치 구현을 위해 노력해온 것을 기반으로 ESG의 도입을 위한 중장기적 계획을 수립하고 준비해야 할 때이다.

이제 공공기관에게는 단순히 공공서비스를 전달하여 공공성을 실현하는 것뿐만 아니라, 공공서비스를 전달하는 과정에서 일자리 창출, 사회 통합, 지역발전 등의 사회적 가치를 구현하는 데 있어서 구심체 역할이 기대되고 있다. 또한 코로나19와 같이 예측 불가능한 위기 상황 속에서 기관들의 지속가능한 경영을 위한 전략 수립에 대한 고민이 깊어지고 있다. 이에 이 책은 사회적 가치 구현과 혁신 창출, 그리고 ESG의 도입을 위해 공공기관이 추진한 사업들을 소개하여 우수사례의 공유 및 확산을 기대한다.

참고문헌

강봉주. (2020). 메가트렌드가 된 ESG 투자, 평가 방법론과 성과 및 최근 동향. Meritz Research, 2-13.

강정석 · 권향진 · 차세영 · 이화진 · 이창길 · 문명재 · 박치성 · 성시경 · 박석훈 · 허민영 · 남지현 · 김석원. (2019). 사회적 가치 실현을 위한 정부조직 기능 예산 현황진단 및 강화방안. 경제 · 인문사회연구회.

공공기관 사회적가치협의체. (2019). 공공기관 사회적 가치 안내서. 희망제작소.

국무조정실. (2006). 성과지표 개발 · 관리 매뉴얼.

_____ (2008). 정부업무 성과관리 및 평가. 국무조정실.

국회예산정책처. (2020). 2020 대한민국 공공기관 I.

_____ (2020). 2021년도 공공기관 예산안 분석 I.

권순철 · 박순애 · 손지은. (2017). 공공기관 BSC 모형의 성과지표 간 인과관계 분석: 한국공항공사의 고객관점과 재무관점을 중심으로. 행정논총, 55(3), 141-168.

권오성 · 황혜신 · 박석희 · 김철회. (2009). 공공기관의 책임성 유형과 우선순위에 관한 실증분석. 한국사회와 행정연구, 20(1), 51-74.

기획재정부. (2021). 2021년도 공공기관 경영평가편람.

기획재정부 · 한국조세재정연구원. (2020). 공공기관 현황편람.

기획재정부 · 국가경쟁력강화위원회. (2008). 공공기관 운영체계 개편방안.

김세움 · 강창희 · 박상곤 · 이정민. (2013). 공공부문 경쟁 인센티브의 유형과 조직성과. 한국노동연구원.

김연금 · 이애란. (2016) 주거지골목길 경관개선 사업에서 참여 이해
　　관계자의 의사소통특성. 한국조경학회지, 44(2), 25-36.

김준기. (2001). 정책평가와 정부업무 평가제도 : 공기업 경영평가제
　　도의 성과와 향후 과제. 한국행정연구, 10(1), 97-124.

김태영 · 송성수 · 김기룡 · 최일환. (2017). 인재개발분야의 사회적
　　가치 정립 및 확산 방안 연구. 국가공무원인재개발원.

김태영 · 정효정 · 정원희 · 송성수. (2019). 사회적 가치 이해와 평가.
　　국가공무원인재개발원.

노영래. (2019). 공공부문 성과관리체계 도입 및 활성화 방안 모색.
　　기획재정부.

딜로이트(Deloitte). (2020). 지속가능경영, ESG경영으로의 전환을
　　위한 기업들의 전략적 접근방안. Deloitte Insights. Climate &
　　Sustainability 특집. 딜로이트 안진회계법인 딜로이트 컨설팅.
　　(2015). 공공부문에서의 이해관계자 분석.

라영재. (2017). 공공기관의 사회적 책임에 관한 정부의 역할 연구,
　　한국부패학회보, 22, 119-142.

＿＿＿＿ (2018). 공공기관 경영평가제도 변천과정 연구: 공운법 제정
　　이후를 중심으로. 한국조세재정연구원.

＿＿＿＿ (2019), 공기업과 준정부기관 경영성과의 영향요인분석: 평가
　　지표체계와 평가방법의 변경 전후를 대상으로. 정책분석평가학회
　　보, 2(4).

＿＿＿＿ (2020). 정책평가의 이론기반평가: 평가원칙과 적용의 실제:
　　정부업무평가와 공공기관 경영평가 사례를 중심으로. 정책분석평
　　가학회보, 30(3), 43-78.

라영재 · 임미화 · 이주경 · 서영빈. (2018). 공공기관 혁신방향과 실

천방안. 한국조세재정연구원.

류량도. (2004). 통합성과관리시스템 The performance. 한언.

류정선. (2020). 최근 글로벌 ESG 투자 및 정책동향. 금융투자협회 보고서.

박노욱·오영민·원종학 (2015) 재정성과관리제도 운영의 성과분석과 정책과제, 한국조세재정연구원.

박순애(편)·이석환·홍길표·우윤석·이수영·엄태호·최대식·최연식·김봉환·권일웅·고길곤. (2017). 공공부문의 성과측정과 관리. 문우사.

박정윤·최현선. (2020). 국민제안제도의 사회적 가치 방향성과 실현 역량 증대를 위한 연구. 현대사회와 행정, 30(2): 59-88.

박흥윤. (2014). 공공조직을 위한 전략적 기획론. 서울: 대영문화사.

손은일·호시노사토시·송미령. (2012). PDCA 사이클을 적용한 신 활력사업 성과 관리 실증분석. 농촌경제, 35(4), 19-39.

양동수·김진경·조현경·고동현·온누리·이원재. (2019). 공공기관의 사회적 가치 실현: 포용국가 시대의 조직 운영 원리. LAB2050 연구보고서, 1-34.

윤태범·양동수·윤기찬·최현선·김보미·한상은. (2017). 사회적 가치 실현을 위한 평가방안 연구. 국무조정실.

이광희·하민철·이환성·강은숙·김종석·김종범·박관규·이충희. (2015). 안전규제 이해관계자 행태 분석. 경제·인문사회연구회.

이석환. (2009). 공공부문 성과관리의 주요이슈와 이론정립의 필요성. 서울행정학회 학술대회 발표논문집, 53-69.

_____ (2018). 공공가치의 평가와 전망. 한국행정학회 학술발표논문집, 1381-1390.

이원희 · 라영재(편). (2015). 공공기관 경영평가 30년 회고와 전망, 한국조세재정연구원.

이태준. (2018). 정부소통역량 강화를 위한 공무원 성과관리제도의 선행요인 및 효과에 관한 연구. 언론과학연구, 18(2), 185-221.

이헌중. (2014). 공공기관 경영실적 평가에 대한 EA의 광범위한 활용 연구. 정보화연구, 11(3), 271-283.

장지인 · 곽채기 · 신완선 · 오철호. (2013). 공공기관 경영평가제도의 변천과정 연구(Ⅱ). 한국조세연구원.

정동관 · 김경근 · 김철 · 온명근 · 이승협. (2020). 공공기관 경영평가 제도에 관한 비판적 분석. 한국노동연구원.

최은석. (2017). 공공기관 경영평가: 경영실적보고서 작성을 위한 가이드 북. 북랩.

최현선. (2019). 사회적 가치 관점에서의 경영평가 제도 개선 방안. 한국정책분석평가학회 학술대회 발표논문집, 271-283.

_____ (2021). 행정기획론: 공공부문의 전략기획과 성과관리. 박영사.

한국조세재정연구원 · 사회적가치연구원. (2020). 공공기관의 이해관계자 중심 사회적 가치 측정연구.

행정안전부 · IBS. (2012). 전략적 성과관리체계구축을 위한 진단 최종보고서.

허난이. (2016). 국영기업 관련 국제통상규범의 발전: GATT/WTO에서 TPP까지. 국제경제법연구, 14(2), 119-142.

홍길표 · 이립. (2016). 플랫폼시대의 공공혁신: 공동창조생태계가 답이다. KMAC.

OECD · 한국조세재정연구원(역). (2015). OECD 지배구조 가이드라인 2015 개정판.

Bryson, J. M., & Roering, W. D. (1988). Initiation of strategic planning by governments. *Public administration review*, 995−1004.

Kaplan, R. S., & David, P. (1992). Norton (1992), "The Balanced Scorecard? Measures That Drive Performance". *Harvard business review*, 70(1), 71−79.

Niven, P. R. (2003). Adapting the balanced scorecard to fit the public and non−profit sectors. *Primerus Consulting*.

Sheehan, L., Ritchie, J. B., & Hudson, S. (2007). The destination promotion triad: Understanding asymmetric stakeholder interdependencies among the city, hotels, and DMO. *Journal of travel research*, 46(1), 64−74.

찾아보기

저자 약력

최현선 HYUNSUN CHOI
연세대학교 행정학 학사, 석사
미국 남가주대학교(University of Southern California) Ph.D
명지대학교 행정학과 교수
(전)University of North Florida 교수
(전)대통령 직속 정책기획위원회 위원
(전)기획재정부 준정부기관 경영평가단 단장

이은지 EUNGI LEE
일본 도쿄도립대학(Tokyo Metropolitan University) Ph.D
명지대학교 행정학과 객원교수
서울시립대학교 상생협력센터 책임연구원

행정기획론 심화 및 사례편

초판발행   2022년 2월 20일

지은이   최현선·이은지
펴낸이   안종만·안상준

편 집   양수정
기획/마케팅   정성혁
표지디자인   BEN STORY
제 작   고철민·조영환

펴낸곳   (주) **박영시**
             서울특별시 금천구 가산디지털2로 53, 210호(가산동, 한라시그마밸리)
             등록 1959.3.11. 제300-1959-1호(倫)
전 화   02)733-6771
f a x   02)736-4818
e-mail   pys@pybook.co.kr
homepage   www.pybook.co.kr
ISBN   979-11-303-1489-1   93350

정 가   12,000원